Dietmar Krämer: Der Aufstieg der Kundalini

Dietmar Krämer

Der Aufstieg der
Kundalini

Ein Kundalini-Ratgeber für die Praxis

tb
A Q U A M A R I N

Originalausgabe
1. Auflage 2008
© Aquamarin Verlag GmbH
Voglherd 1 • D-85567 Grafing
www.aquamarin-verlag.de

Umschlaggestaltung: Annette Wagner

Druck: Bercker • Kevelaer

ISBN 978-3-89427-455-9

Inhalt

Vorwort

Den Anstoß für dieses Buch lieferte mein Kollege Hagen Heimann, als er mich dazu überredete, aufgrund meiner langjährigen Erfahrungen mit Kundalini-Fällen in meiner Naturheilpraxis Vorträge zu diesem Thema zu halten.

Bereits während meines Physik-Studiums hatte ich einen jungen Mann kennengelernt, der infolge vorzeitigen Erwachens der Kundalini einen gesundheitlichen Verfall erlitt und Frührentner wurde. Dies wunderte ich mich, da ich über die Kundalini nur Positives gehört hatte. Demnach sollte sie angeblich übernatürliche Fähigkeiten verleihen und Erleuchtung bringen. Etliche Jahre später wurde ich in meinem Freundeskreis erneut damit konfrontiert, als eine junge Frau nach einem langen Leidensweg an den Folgen der Kundalini-Erweckung verstarb.

Fast zehn Jahre später erwachte bei mir selbst die Kundalini. Glücklicherweise war ich durch die jahrzehntelange intensive Schulung durch meinen spirituellen Meister darauf vorbereitet. Aufbauend auf meinen eigenen Erlebnissen und den Erfahrungen mit Betroffenen, möchte ich mit diesem Ratgeber Hilfestellungen für Personen anbieten, die sich ernsthaft mit diesem Thema auseinandersetzen wollen. Obgleich inzwischen vieles von dem geheimen Wissen der Yogis über Kundalini bekannt ist, sind hier im Westen die Menschen, bei denen sie vorzeitig erwacht ist, und viele ihrer Therapeuten vollkommen hilflos.

Dietmar Krämer

Kapitel 1

Grundlagen der Kundalini

1. Mythologie

Der Begriff Kundalini ist abgeleitet aus dem Sanskritwort „kundal", was „Windung" bedeutet. In der indischen Mythologie gilt sie als eine spirituelle Kraft, die
von Shiva ausgeht. Sie wird in Form einer zusammen-
gerollten Schlange dargestellt, die am unteren Ende der
Wirbelsäule ruht. Diese Symbolik soll ihre Verbindung
mit Shiva versinnbildlichen, der stets mit Schlangen ab-
gebildet wird.

Erwacht die Kundalini aus ihrem Schlaf, so rumort sie
häufig an der Basis der Wirbelsäule, ähnlich einer Schlange, die sich entrollt. Steigt sie die Wirbelsäule empor,
soll sie dem Betroffen übernatürliche Fähigkeiten und
Erleuchtung vermitteln.

2. Spirituelles Prana und seine Energiekanäle

Nach den Vorstellungen des Yoga fließt Lebensenergie, Prana genannt, in verschiedenen Systemen von Kanälen durch unseren Körper. Eine Form davon ist auch in der Traditionellen Chinesischen Medizin (TCM) bekannt und wird dort als Chi bezeichnet. Sie strömt in den Meridianen der Akupunktur.

Eine weitere Form des Prana wird in der hinduistischen Literatur „Prana Shakti" genannt. Da dieses in Bezug zu unserem spirituellen Körper steht, bezeichne ich es der Einfachheit halber als „spirituelles Prana". Es fließt in bestimmten Kanälen, die in Indien Nadis genannt werden. „Nadi" ist von dem Sanskritwort „nad" abgeleitet, was Bewegung bedeutet.

In diesen Energiekanälen, die manchmal fälschlicherweise als Nerven bezeichnet werden, bewegt sich das spirituelle Prana – eine feinstoffliche Substanz. Nadis lassen sich daher eher mit Röhren vergleichen, die innen hohl sind. Neben Tausenden winzigster Nadis (laut indischer Literatur 72 000) gibt es drei große Kanäle: Pingala, Ida und Sushumna.

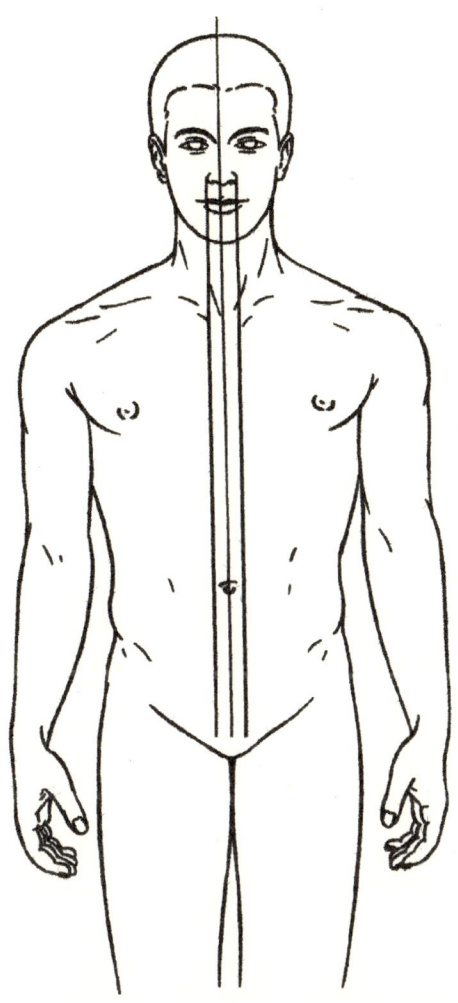

Abbildung 1 – Gesamtübersicht Nadis

a) Pingala

Pingala, auch „Sonnennerv" genannt, ist ein zwei Millimeter dicker Energiekanal, der auf der rechten Körperseite verläuft. Er beginnt eineinhalb Fingerbreit seitlich der Mittellinie und ein Fingerbreit unterhalb des Steißbeins. Von dort erstreckt er sich in stets demselben Abstand parallel zur Wirbelsäule nach oben und endet im Inneren des Schädels in Höhe der Nase. Von dort verzweigt er sich in Hunderte feinster Nadis, die das gesamte Gehirn bis zum Beginn des Rückenmarks[1] durchziehen.

Die Funktion der Pingala hat mit der „Temperatursteuerung" des spirituellen Körpers zu tun. In ihr fließt der „heiße" Anteil des spirituellen Pranas, der für alles steht, was uns in unserem Streben nach Selbstverwirklichung antreibt und uns zum Licht streben lässt. Die Energie der Pingala feuert sozusagen unseren spirituellen Antrieb an.

---

1   Medulla oblongata, auch verlängertes Mark genannt

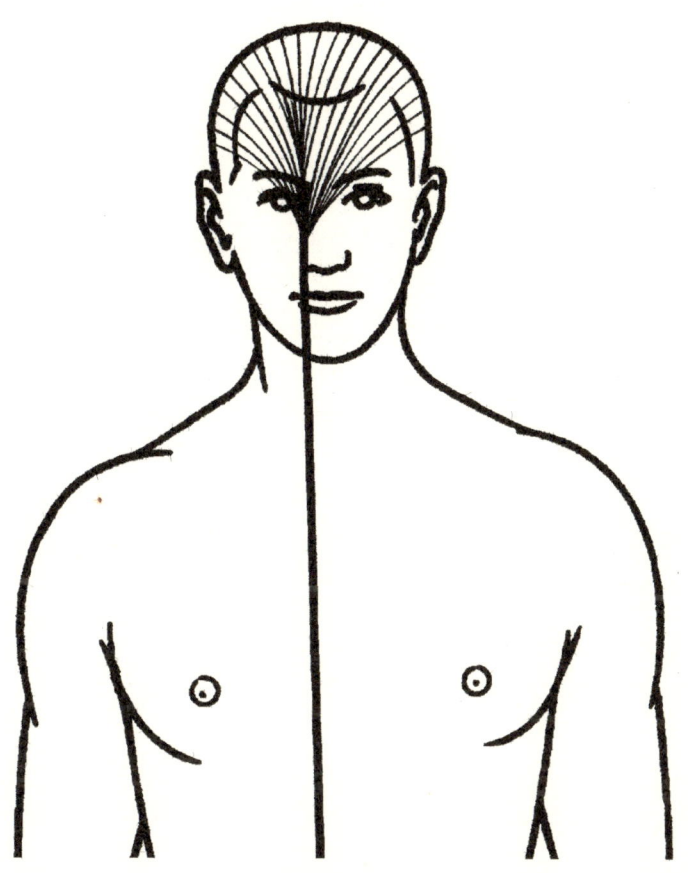

Abbildung 2 – Pingala

b) Ida

Ida, der „Mondnerv", ist ebenfalls zwei Millimeter dick und verläuft auf der linken Körperseite. Er ist anatomisch bis zu seinem Ende in Höhe der Nase das exakte Spiegelbild des Pingala. Dort zweigen auf der rechten Seite einige wenige Nadis nach unten ab, die sich in Höhe der Thymusdrüse zu einem Nervengeflecht verästeln. Auf der linken Seite ziehen von dieser Stelle aus drei weitere Nadis bis zum Herzen.

Die Funktion der Ida hat ebenfalls mit der „Temperatursteuerung" des spirituellen Körpers zu tun. In ihr strömt der „kalte" Anteil des spirituellen Pranas, der uns in unserem Streben ans Licht zurückhält und uns zaudern lässt. Die Energie der Ida bremst somit unseren spirituellen Antrieb.

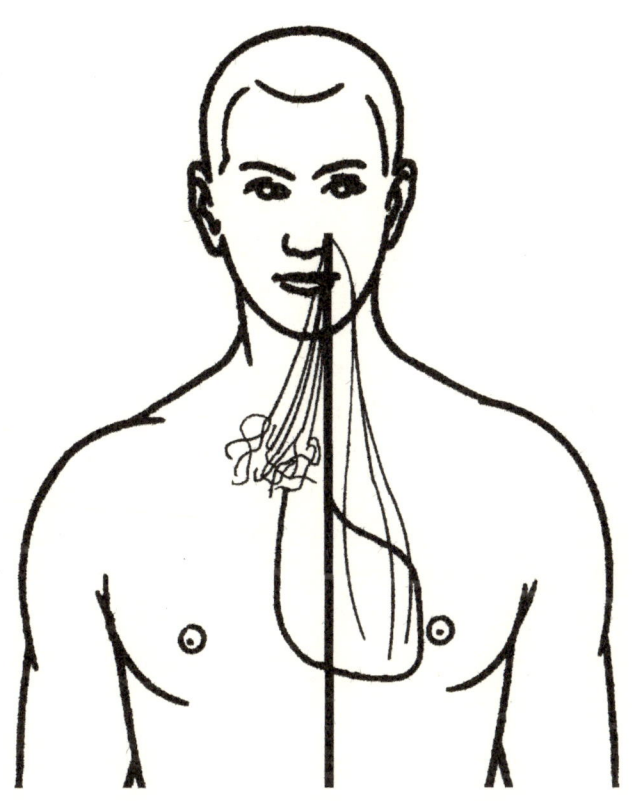

Abbildung 3 – Ida

c) Sushumna

Sushumna ist der energetische Kanal für die Kundalini, wenn diese erwacht ist. Sie beginnt in der Mittellinie des Körpers in derselben Höhe wie Ida und Pingala. Von dort zieht sie zum Rückenmark, in welchem sie bis zu dessen Ende verläuft. Von hier aus erstreckt sie sich weiter nach oben bis zum Sahasrara-Chakra[2] oberhalb des Kopfes, wo sie außerhalb des physischen Körpers endet. In ihrem Verlauf zweigen Tausende feinster Nadis von ihr ab, die den gesamten Körper durchziehen.

Die Sushumna ist, bevor die Kundalini erwacht, ein-einhalb Millimeter dick und vollkommen funktionslos. Dasselbe gilt für die von ihr ausgehenden Nadis. Erwacht die Kundalini, fließt das spirituelle Prana in seiner jetzt konzentrierten Form nur noch durch die Sushumna. Ida und Pingala sind ab diesem Moment funktionslos und sterben ab, während die aus der Sushumna austretenden Nadis mit dieser spirituellen Kraft durchflutet werden und den gesamten Körper damit versorgen.

---

2 Chakras sind feinstoffliche Organe in Form von sich drehenden Lichträdern, die nur von wenigen Aura-Sichtigen wahrgenommen werden können. Sie dienen u.a. als Aufnahmeorgane für das Baumaterial für Gefühle, Gedanken und spirituelle Prozesse, aus dem unsere feinstofflichen Körper aufgebaut werden. In der Meditation und im Yoga werden sie auch für Konzentrations- und Visualisationsübungen benutzt. Das Sahasrara-Chakra ist das oberste der sieben Haupt-Chakras, die sich auf der Körpervorderseite befinden.

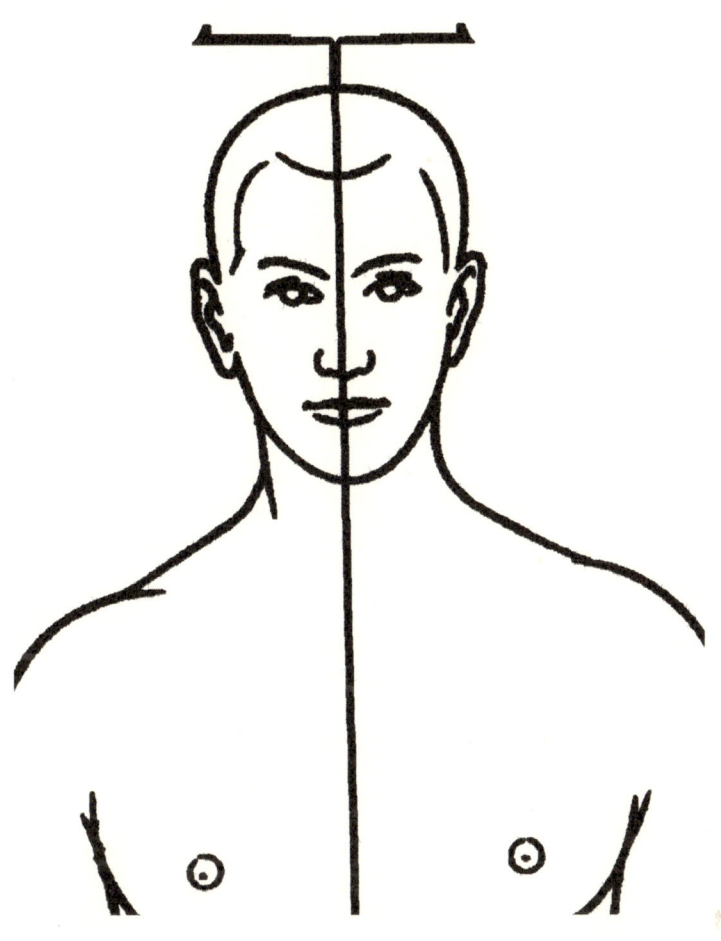

Abbildung 4 – Sushumna

Kapitel 2

Das Aufsteigen der Kundalini

1. Das Erwachen der Kundalini

a) Gezieltes Erwecken

Die Kundalini ruht bei jedem Menschen am unteren Ende der Wirbelsäule. Ihre Erweckung bedeutet einen einschneidenden Schritt auf dem spirituellen Weg. Ab diesem Zeitpunkt gibt es kein Zurück mehr, da der Prozess absolut unumkehrbar ist. Nun wirkt beständig eine Kraft, die den Praktizierenden unablässig ans Licht treibt. Anfangs geschieht dies meist vollkommen unkontrolliert und ist oft mit schmerzhaften Prozessen verbunden.

In Indien wird dieser Weg von Yogis erst nach jahrzehntelanger Vorbereitung in Form von Yoga-Praktiken, Askese und religiösen Übungen beschritten. Erst wenn Körper und Geist gereinigt und bereit für diese unbändige Kraft sind, kann dieser Weg relativ gefahrlos beschritten werden. Die entsprechenden Übungen sind überliefert. Einige davon wurden schriftlich festgehalten und sind jedermann verfügbar, andere werden nur mündlich vom Meister an den Schüler weitergegeben.

Allen gemein ist die Reinigung der Sushumna durch spezielle Übungen, die meist Atemtechniken beinhalten, und der Versuch, mittels Konzentration und Visualisation die Kundalini in der Sushumna emporzuziehen. Hierbei müssen drei Granthis (Knoten) in der Sushumna überwunden werden, die ein Hindernis für den Aufstieg der Kundalini darstellen. Jeder dieser Granthis steht für eine spezielle Art von Anhaftung, die für den spirituellen Weg hinderlich ist und daher überwunden werden muss.

b) Spontanes Erwachen

Es gibt seltene Fälle, in denen die Kundalini ohne jedes Zutun und teilweise sogar unbemerkt erwacht. Die Betroffenen spüren nur in besonderen Situationen, dass im Rücken irgendetwas Angenehmes aufsteigt, das Glücksgefühle erzeugt, sobald es im Kopf angekommen ist. Sie bringen dies unter Umständen gar nicht mit der Kundalini in Verbindung oder haben nicht einmal Kenntnis von ihr.

Mir persönlich sind zwei solcher Fälle bekannt. Die

jeweiligen Personen erlebten keinerlei Kundalini-Krisen und keine Vorboten. Sie kamen erst nach längerer Zeit aufgrund ihrer Arbeit als spirituelle Heiler darauf, dass bei ihnen die Kundalini erwacht war.

c) Vorzeitiges Erwachen

Vorzeitiges Erwachen der Kundalini bedeutet, dass weder Körper noch Geist auf diese unbändige spirituelle Kraft vorbereitet sind. Sie erwacht gewaltsam, durchschlägt sämtliche Granthis und tobt dann in der Sushumna. Hierbei kommt es zwangsweise zu Kundalini-Krisen, die von massiven körperlichen, psychischen und spirituellen Phänomenen begleitet sind. Ein indischer Autor schreibt hierzu:

„Ohne es zu wollen, ohne Vorbereitung, selbst ohne ein angemessenes Wissen, hatte ich die wunderbarste, gewaltigste Kraft im Menschen zur Tätigkeit erweckt und hatte unwissend den Schlüssel zu dem meistbehüteten Geheimnis der Alten berührt. Von nun an hing mein Dasein an einem Faden, der zwischen Leben und Tod hin- und herschwang, zwischen Gesundheit und Wahnsinn, zwischen Licht und Finsternis, zwischen Himmel und Erde."[3]

---

3 Gopi Krishna, Kundalini, Erweckung der geistigen Kraft im Menschen, Weilheim 1968

2. Physiologische Phänomene

a) Die Kundalini fließt in der Sushumna

Erwacht die Kundalini, so vereinigen sich laut indischer Literatur die kalte Energie der Ida-Nadi und die heiße Energie der Pingala-Nadi im Wurzel-Chakra[4] und steigen als Kundalini in der Sushumna auf. Ida und Pingala werden danach funktionslos und sterben innerhalb von drei Wochen ab. Dieser Prozess ist nicht mehr umkehrbar. Infolgedessen lässt sich das Erwachen der Kundalini nicht mehr rückgängig machen. Der Betroffene ist gezwungen, die Krisen durchzustehen und den Weg, den die Kundalini vorzeichnet, bis zu seinem Ende zu gehen.

b) Weitung der Sushumna

Die Sushumna ist kein starres Rohr, sondern hat eher den Charakter eines dehnbaren Schlauches. Durch das Strömen der Kundalini vergrößert sich mit der Zeit ihr Durchmesser. Demzufolge kann wiederum mehr durch sie durchfließen. Die Kundalini zeigt sich dadurch heftiger.

---

4   Das Wurzel-Chakra ist das unterste der sieben Haupt-Chakras.

Als Folge steigt der Druck auf die Gefäßwand, wodurch sich diese noch mehr weitet und die Intensität der Kundalini weiter ansteigt. Ab einem gewissen Punkt besteht die Gefahr, dass das Nervensystem wie ein überhitzter Stromleiter durchbrennt. Bis dahin vergehen aber viele Jahre, und mancher erreicht diese Gefahrenschwelle nie.

Yogis scheinen ihre Kundalini durch überlieferte Techniken auf eine gewisse Stärke zu begrenzen, so dass das Nervensystem keinen Schaden nimmt. Ich habe zwar nie darüber gelesen, konnte aber auf meinen Indien-Reisen beobachten, dass fast alle Yogis, bei denen die Kundalini erwacht war, diese genau an der vorgenannten Schwelle fixiert hatten. Der Durchmesser der Sushumna beträgt bei dieser Stärke 2,6 cm.

3. Pathologische Phänomene

a) Die Kundalini steigt in Ida auf

In sehr seltenen Einzelfällen erwacht die Kundalini in Ida-Nadi, dem kalten Nerv auf der linken Seite der Wirbelsäule. Dies löst jedes Mal, wenn die Kundalini aufsteigt, extreme Kälte im ganzen Körper aus, bis hin zu einer vollkommenen Auskühlung. Je nach Stärke der Kundalini besteht auch Lebensgefahr.

Das nachfolgende Beispiel zeigt, welche Auswirkungen das Erwachen der Kundalini in diesem falschen Kanal zeigen kann:

Ein 31-jähriger deutscher Therapeut erlebt in seiner Meditation, die er seit vierzehn Jahren regelmäßig jeden Morgen und jeden Abend praktiziert, zunehmend ein Gefühl der Kälte, die von Mal zu Mal stärker wird. In tiefer Versenkung, in der er sich auf sein Herz-Chakra konzentriert und dabei das Mantra[5] wiederholt, welches er von seinem spirituellen Meister erhalten hat, beginnt er plötzlich heftig zu frieren. Dies steigert sich immer mehr, bis hin zu Schüttelfrost und lautem Zähneklappern, obgleich es Hochsommer ist und in seinem Meditationsraum unter dem Dach Temperaturen von über dreißig Grad herrschen. Je tiefer er meditiert, desto massiver breitet sich die eisige Kälte, die scheinbar von tief innen kommt, über seinen ganzen Körper aus. Lenkt er seine Konzentration vom Chakra ab, hört der Schüttelfrost sofort auf. Sobald er sich aber wieder er auf sein Herz-Zentrum konzentriert, beginnt er erneut vor Kälte zu zittern und mit den Zähnen zu klappern. Sein Körper kühlt dabei so

---

5   Religiöse Wortfolge, meist auch Namen von Gottheiten, die fortlaufend wiederholt wird. In der hinduistischen und buddhistischen Praxis werden solche Mantras in der Meditation, beim Gebet oder auch unter Zuhilfenahme von Gebetsketten rezitiert.

stark aus, dass es nach der Meditation bis zu einer Stunde dauert, bis sich seine Körpertemperatur normalisiert.

Als 17-jähriger Schüler war er zufällig mit einem Freund auf die Ankündigung eines Meditationskurses gestoßen. Sofort wusste er, dass er diesen Kurs besuchen musste, obwohl er sich zuvor nie für Ähnliches interessiert hatte. Trotz anfänglicher Widerstände seiner Eltern war es ihm damals gelungen, diese dazu zu bewegen, ihn zu dem weit entfernten Seminar zu fahren und die Kursgebühr zu übernehmen.

Das klare Erleben von Yoga-Samadhi[6] in seiner allerersten Meditation und die tiefen inneren Erfahrungen in seinen folgenden Meditationen hatten sein atheistisches Weltbild bröckeln lassen, das er sich aufgrund von Zweifeln an der vorherrschenden Religion, in der er aufgewachsen war, aufgebaut hatte. Durch sein Samadhi-Erlebnis, das jegliche Zweifel an Gott verblassen ließ, war aus ihm ein tiefreligiöser Mensch geworden. Dennoch hatte sich für ihn die Frage aufgeworfen, was dieses Erlebnis in seiner letzten Konsequenz bedeutete. In der Folgezeit hatte er viele Meditationskurse besucht, regelmäßig meditiert und Gespräche sowohl mit Gleichge-

---

6   Vgl. Kapitel 7, Samadhi

sinnten als auch mit Anhängern anderer Gruppierungen gesucht. Sein tiefes inneres Verlangen hatte dies alles jedoch nicht befriedigen können.

Einem inneren Drang folgend, war er Jahre später nach Indien gegangen und hatte dort seinen Meister gefunden, der ihn gerufen hatte. Unter seiner Anleitung hatte er seine Meditation fortgesetzt. Dabei hatte er meist eine tiefe Ruhe und einen beglückenden inneren Frieden erlebt. Mit zunehmender Übung war ein Gefühl vollständiger Hingabe an Gott hinzugekommen, den er in seinem Herzen mit Hilfe seiner Konzentration und Anbetung in Form des von seinem Meister vermittelten Mantras verehrte.

Die eisige Kälte tritt nur in der Meditation auf, niemals außerhalb. Daher setzt der Mann seine Meditationspraxis fort, ohne sich größere Sorgen darüber zu machen. Er fühlt sich geborgen und vertraut darauf, Hilfe zu bekommen, sollte diese notwendig sein.

Einige Wochen später trifft er zufällig auf einer Messe, die er aus beruflichen Gründen besucht, einen indischen Yogi, der dort Meditationen anbietet. Er schildert dem barfüßigen Sadhu, der mit nichts anderem bekleidet ist als einem einfachen indischen Gewand, seine Symptome. Von ihm erfährt er zu seinem Erstaunen, dass seine Kundalini erwacht sei, allerdings im falschen Kanal. Offensichtlich sei sie in Ida – dem kalten Mondnerv auf der linken Seite – aufgestiegen, was das intensive Frieren während der tiefen Meditation erkläre.

Von dem Yogi bekommt er eine Anleitung, den heißen Sonnennerv (Pingala) auf der rechten Seite zu aktivieren. Mit Hilfe dieser Übung verschwinden die Symptome allmählich und treten danach nicht mehr auf. Seine Kundalini ist aber nicht vollständig erwacht und beruhigt sich wieder. Als diese zehn Jahre später in der Sushumna aufsteigt, ist er vorbereitet. Diesmal tritt die eisige Kälte nicht mehr auf, dafür kommt es zu Kundalini-Krisen, die sich vor allem körperlich auswirken, indem sie eine gefährliche Herzerkrankung verstärken, unter der er leidet. Seelisch erlebt er keinerlei Krisen, obwohl er sich in akuter Lebensgefahr befindet. Im Vertrauen auf die göttliche Kraft, die seinen Körper durchdringt, gibt er sich ihr vollkommen hin und setzt ihr keine Widerstände entgegen. Zu diesem Zweck nutzt er die bisherigen Stunden der Meditation, indem er sich nur nach innen wendet und vertrauensvoll zulässt, was ihm widerfährt. Seine bisherige Meditationspraxis unterbricht er sofort. Zu körperlichen Anstrengungen ist er nicht fähig und muss auch seine sportlichen Aktivitäten einstellen. Er schafft es jedoch, seinen beruflichen Verpflichtungen uneingeschränkt nachzukommen.

Einige Monate später besucht er zwei spirituelle Heiler. Diesen gelingt es mit einem immensen Aufwand, die

Kundalini-Krisen zu beenden. Nach seiner Genesung setzt er seine Meditationspraxis fort und kann sogar wieder Sport treiben. Zeitgleich setzt ein erstaunlicher Verjüngungsprozess ein, wodurch sogar seine lebensbedrohliche Herzkrankheit ausheilt.

b) Die Kundalini steigt in Pingala auf

Steigt die Kundalini in Pingala-Nadi, dem heißen Nerv auf der rechten Seite der Wirbelsäule, auf, so ist das ungleich dramatischer als im Falle von Ida. Der Betroffene verbrennt regelrecht innerlich, und es besteht augenblicklich akute Lebensgefahr. Hierzu ein Beispiel:

Ein 34-jähriger indischer Beamter erlebt in seiner morgendlichen Meditation, die er seit siebzehn Jahren regelmäßig praktiziert, schlagartig extreme Lichtvisionen, die sofort wieder verschwinden, sobald seine Aufmerksamkeit nachlässt. Vollkommen ahnungslos, welcher Gefahr er sich dabei aussetzt, forciert er seine Konzentration, um diesen wunderbaren Zustand wiederzuerlangen. Anfangs spürt er einen Strom flüssigen Lichtes, der tosend wie ein Wasserfall in seiner Wirbelsäule aufsteigt, in sein Gehirn eindringt und dort eine unbeschreibliche Glückseligkeit auslöst. Bereits drei Tage später fließt dieser Lichtstrom auch ohne sein Zutun und verwandelt sich innerhalb kürzester Zeit in eine Flammenzunge, die rasch an Intensität und Geschwindigkeit zunimmt. Dies geschieht sogar außerhalb der Meditation und ohne jede Möglichkeit der Kontrolle. Schließlich erlebt er in sich ein brennendes Inferno, das seinen Körper zu verzehren sucht und ihn an den Rand des Wahnsinns treibt. Er schreibt:

„Die Hitze nahm jeden Augenblick zu und verursachte solche unerträglichen Schmerzen, dass ich mich krümmte und mich von einer Seite auf die andere herumwarf, in Strömen kalten Schweißes, der über mein Gesicht und meine Glieder lief. Immer noch nahm die Hitze zu und bald schien es, als ob unzählige rotglühende Nadeln meinen Körper durchbohrten, die Organe und Gewebe wie fliegende Funken versengten und mit Blasen bedeckten. Als ich diese qualvollste Tortur erlitt, presste ich meine Hände zusammen und biss mir auf die Lippen, um nicht aus meinem Bett zu fallen und aus vollem Halse zu schreien. Das Schlagen meines Herzens wurde immer entsetzlicher und nahm eine solche stoßartige Gewalt an, dass ich dachte, es müsste entweder zu schlagen aufhören oder bersten. Fleisch und Blut konnten es nicht mehr länger aushalten, ohne auseinander zu fallen. Es war leicht zu erkennen, dass der Körper tapfer versuchte, das tödliche Gift zu bekämpfen, das durch die Nerven ins

Gehirn floss. Aber der Kampf war so ungleich und das Ungestüm, das in meinem Körper losgelassen war, so todbringend, dass nicht der leiseste Zweifel am Ausgang bestand.

Es traten furchtbare Störungen in allen Organen auf. Jede einzelne war so erschreckend und schmerzhaft, dass ich mich wundere, wie ich unter dieser Last meine Selbstbeherrschung noch bewahren konnte. Der ganze empfindsame Körper brannte und verging völlig unter dem feurigen Sturm, der durch das Innere raste.

Im wusste, dass ich im Sterben lag, und dass mein Herz den gewaltigen Druck nicht mehr lange aushalten würde. Meine Kehle war ausgebrannt, und jeder Teil meines Körpers flammte und brannte, aber ich konnte nichts tun, um das furchtbare Leiden abzukürzen."[7]

Im Alter von siebzehn Jahren hatte er mit Meditation begonnen, ursprünglich nicht aus spirituellen Gründen, sondern um sein Leben in den Griff zu bekommen, wie er selbst betonte. Ein nicht bestandenes Examen, das seiner geplanten beruflichen Laufbahn ein jähes Ende bereitete, führten damals zu der Erkenntnis, dass er irgendetwas unternehmen müsse, um seine abschweifenden Gedanken zu ordnen und seinen ruhelosen Geist zu

---

7   Gopi Krishna, Kundalini, Erweckung der geistigen Kraft im Menschen, Weilheim 1968, S.52

zügeln. Ihn plagte das schlechte Gewissen seiner Mutter gegenüber, weil er die verarmte Familie nicht wie beabsichtigt durch seinen zukünftigen Beruf finanziell würde unterstützen können. Er hatte sein Studium vernachlässigt, indem er die meiste Zeit in der Bibliothek verbrachte und sich sowohl für jede Art naturwissenschaftlicher Literatur als auch für fesselnde Romane begeisterte. Nach jeder Lektüre ging er ruhelos im Zimmer auf und ab, sinnierte stundenlang über den gelesenen Text und philosophierte über Gott und die Welt. So wurde er mit der Zeit zu einem eingefleischten Agnostiker, voller Zweifel und Fragen über die seiner Ansicht nach überspannten Ansichten und irrationalen Glaubensvorstellungen seiner eigenen Religion.

Nach seinem Desaster am College las er zerknirscht Bücher zum Thema „Entwicklung der Persönlichkeit und Selbstbeherrschung" und vertiefte sich vor allem in die Bereiche „Konzentration der Gedanken und Entwicklung der Willenskraft". Als Buße für sein selbstverschuldetes Scheitern erlegte er sich unangenehme und harte Übungen auf, um seine Selbstbeherrschung zu schulen. Schließlich stieß er bei der Suche nach Methoden, die ihm helfen könnten, sich selbst zu disziplinieren, auf Yoga und Geheimlehren. Angespornt durch diese Literatur reifte in ihm der Wunsch, der Welt zu entsagen, was sich aber aus Rücksicht auf seine Familie, die er finanziell unterstützen musste, nicht in die Tat umsetzen ließ. So entschied er sich, der Welt innerlich zu entsagen, indem er sich neben seinem Beruf als Regierungsbeamter, den er ohne jedes Interesse ergriffen hatte, regelmäßig der Selbstversenkung widmete. Er begann seine Meditation ohne Anleitung eines spirituellen Lehrers ausschließlich aufgrund des Studiums einschlägiger Bücher, in denen er die nachfolgende Übung fand: Er konzentrierte sich jeden Morgen, bevor er das Frühstück einnahm, eine Stunde lang im Lotossitz auf das Sahasrara-Chakra über seinem Kopf und visualisierte dort eine tausendblättrige Lotosblüte als Symbol der Vereinigung des menschlichen Bewusstseins mit dem Göttlichen.

Siebzehn Jahre lang schöpfte er daraus die Kraft und den inneren Frieden für seine Arbeit. Es geschah dabei jedoch nichts Außergewöhnliches, bis zu jenem schicksalhaften Morgen, an dem die Kundalini erwachte. Das Fatale daran war, dass er sie ohne Führung durch einen spirituellen Meister, der ihn in seiner Entwicklung begleitet und seine Fortschritte überwacht hätte, erweckt hatte. So war er vollkommen hilflos und wusste auch nicht, an wen er sich in seiner Not wenden konnte. Ein gelehrter Asket, der zu diesem Zeitpunkt in seiner Nähe weilte, brachte die Symptome, unter denen er litt, nicht mit der Kundalini in Verbindung, sondern hielt sie für eine Art von Besessenheit durch einen bösen Geist. Die Kundalini würde seines Erachtens niemals Störungen oder gar Krankheiten verursachen, sondern immer nur Glückseligkeit.

Sein Schwager, dem er von seinem Verhängnis erzählte, sagte, sein Guru hätte einmal bemerkt, „dass Gefahr einer ernsten psychischen und physischen Störung bestünde, die in ständiger Unzurechnungsfähigkeit, in Wahnsinn oder Tod enden könnte, wenn die Kundalini irrtümlicherweise durch einen anderen Nerv als Sushumna hochgezogen würde, besonders wenn die Erweckung durch Pingala auf der rechten Seite der Wirbelsäule geschähe. Dann würde der unglückliche Mensch buchstäblich zu Tode verbrannt durch eine entsetzliche innere Hitze, die von keinem äußeren Mittel gelöscht werden könnte."[8]

In seinem Zustand äußerster Verzweiflung, in dem er sich dem Tode nahe fühlt, kommt ihm schließlich der Verdacht, dass bei ihm die Kundalini im falschen Kanal hochgestiegen sein könnte. „In diesem Augenblick kam mir eine schreckliche Idee. Könnte es sein, dass ich die Kundalini durch Pingala, den Sonnennerv, hochgezogen hatte, der den Wärmestrom im Körper reguliert und auf der rechten Seite von Sushumna liegt? War dies der

---

8   Gopi Krishna, Kundalini, Erweckung der geistigen Kraft im Menschen, Weilheim 1968, S. 49

Fall, dann war ich verloren. Wie durch göttliche Fügung schoss der Gedanke durch mein Gehirn, in letzter Minute zu versuchen, Ida oder den Mondnerv auf der linken Seite zu wecken, um so das furchtbare inwendige Brennen zu neutralisieren."[9]

Die Übung zeigt Erfolg, das zerstörerische Glühen hört auf und weicht einem glückseligen Glanz. Die Kundalini-Krisen sind damit aber längst nicht vorbei. Es folgen für ihn noch zwölf schlimme Jahre, in denen er zwar ein äußerlich normales, aber dennoch anfälliges und etwas reduziertes Leben führt. Einen Meister, der ihn hätte führen können, findet er nicht. Ein Versuch, die Meditation wieder aufzunehmen, endet in einer erneuten, noch größeren Katastrophe. Erst viele Jahre nach seiner Gesundung kann er sich wieder kurzen Meditationszeiten zuwenden. Von seinen früheren, siebzehn Jahre lang täglich praktizierten Meditationen, die einige Stunden dauerten, nimmt er Abstand und rät von längeren täglichen Meditationszeiten ohne geistige Führung ab.[10]

---

9   Gopi Krishna, Kundalini, Erweckung der geistigen Kraft im Menschen, Weilheim 1968, S. 54

10   Nach Gopi Krishna / Carl Friedrich von Weizsäcker, Biologische Basis der Glaubenserfahrung, Weilheim 1973, S. 20

c) Die Kundalini tobt in der Sushumna

Erwacht die Kundalini vorzeitig, d.h. ohne jede Vorbereitung und ohne Reinigung von Körper und Geist, bringen Verunreinigungen in der Sushumna die Kundalini zum Toben. Die Wirkung ähnelt der, wenn man eine Rakete durch ein verstopftes Rohr schießt. Dies führt zu den bereits angedeuteten Kundalini-Krisen, auf die ich im nächsten Kapitel noch ausführlicher eingehen werde.

Die strömende Kundalini löst auf ihrem Weg durch die Sushumna diese Verunreinigungen allmählich auf, wodurch sie aber noch stärker wird, weil sie jetzt ungehinderter fließen kann. Als Folge dehnt sich die Sushumna noch weiter, und die Kundalini wird noch stärker. Auf diese Weise lösen immer feinere Unreinheiten in der Sushumna erneute Krisen aus. Objektiv steht es um den Betroffenen nun besser, weil die Sushumna immer mehr gereinigt wird, subjektiv bleiben jedoch die Krisen über Jahre dieselben. Dieser Vorgang hält so lange an, bis die Sushumna vollständig gereinigt ist, was unter Umständen viele Jahre dauern kann. In dem oben beschriebenen Fall erstreckten sich Krisen über zehn Jahre.

4. Bewegung der Kundalini in der Sushumna

Die Sushumna ist kein einzelnes Rohr, sondern besteht aus drei ineinander geschachtelten Kanälen. Der äußerste wird in Indien Vajra-Nadi genannt, der mittlere Citrini-Nadi und der darin enthaltene innere Kanal Brahma-Nadi. Bei ihm handelt es sich um einen hohlen Durchgang, der als Leitkanal für die Bewegung der Kundalini dient. Er wird vielfach als Zentralkanal bezeichnet, wobei dieser Begriff teilweise auch für die gesamte Sushumna verwendet wird.

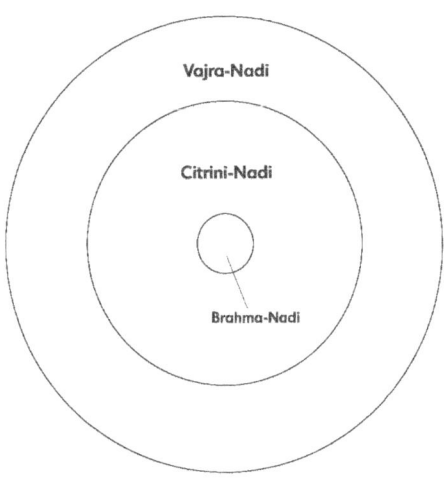

Abbildung 5: Querschnitt Sushumna mit Vajra und Citrini

38

In der Vajra fließen nach dem Erwachen der Kundalini die Reste an heißer Energie, die in diesem Stadium noch vorhanden sind, in der Citrini die Restanteile an kalter Energie. Ida und Pingala lösen sich, wie bereits beschrieben, innerhalb von drei Wochen auf. Steigt die Intensität der Kundalini weit über den kritischen Wert an, an dem die Yogis ihre Kundalini fixieren, kommt es ab einer gewissen Stärke zu Verschmelzungsprozessen, in deren Verlauf sich die Reste an heißer und kalter Energie endgültig vereinigen. Jetzt wird der Strom in der Sushumna so mächtig, dass er die Gefäßwand von Brahma-Nadi und Citrini-Nadi nach außen bis hin zur äußeren Gefäßwand von Vajra-Nadi drückt. Die Sushumna wird nun zu einem einzigen Kanal, der jetzt einen Durchmesser von 12 cm besitzt. Steigt die Intensität der Kundalini weiter an, durchdringt diese die Gefäßwand der Sushumna und durchströmt unmittelbar den gesamten Körper, unter Umgehung sämtlicher feiner Nadis, die jetzt überflüssig geworden sind.

Ida und Pingala werden in der indischen Literatur als Kanäle dargestellt, die sich spiralförmig die Wirbelsäule hochwinden und an manchen Stellen spezielle Knoten bilden. Diese Knoten werden mit den Chakras gleichgesetzt, wobei deren Lokalisation auf den dazugehörigen Abbildungen nicht an allen Stellen mit der tatsächlichen

Lokalisation der Chakras übereinstimmen. Abgesehen davon befinden sich die Chakras außerhalb des Körpers[11], während die Knoten von Ida und Pingala innerhalb des Körpers im Bereich des Rückenmarks liegen und mit der Sushumna verknüpft sind.

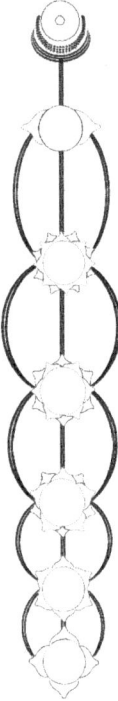

Abbildung 6: Indische Darstellung von Ida und Pingala

---

11 Vgl. Hagen Heimann & Dietmar Krämer, Chakras und Charakter – Die spirituelle Entwicklung des Menschen, Aquamarin Verlag, Grafing 2009

Die Vorstellung der spiralförmigen Nadis ist schlichtweg falsch und entstammt Kundalini-Erfahrungen, bei denen die Kundalini bei Kundalini-Krisen aufgrund eines starken Druckes an bestimmten Stellen aus der Sushumna austritt. Sie schlägt – ähnlich einem Lichtbogen bei einem elektrischen Funkenüberschlag – von einer Stelle zur anderen über, wobei sie jeweils ein Stück Sushumna überspringt und an der nächst höheren Position, an der ein neuer „Lichtbogen" entspringt, wieder in die Sushumna eintritt. Diese weist an den jeweiligen Stellen aus Gründen der Flexibilität etwas dünnere Stücke auf. Da die Sushumna in der Wirbelsäule verläuft, muss sie sich den Bewegungen des Körpers, z.B. beim Beugen und Strecken, anpassen. Aus diesem Grund gibt es Stellen, die biegsamer sind. Hier gibt es jeweils zwanzig Einkerbungen, die der Sushumna ein geriffeltes Aussehen vermitteln.

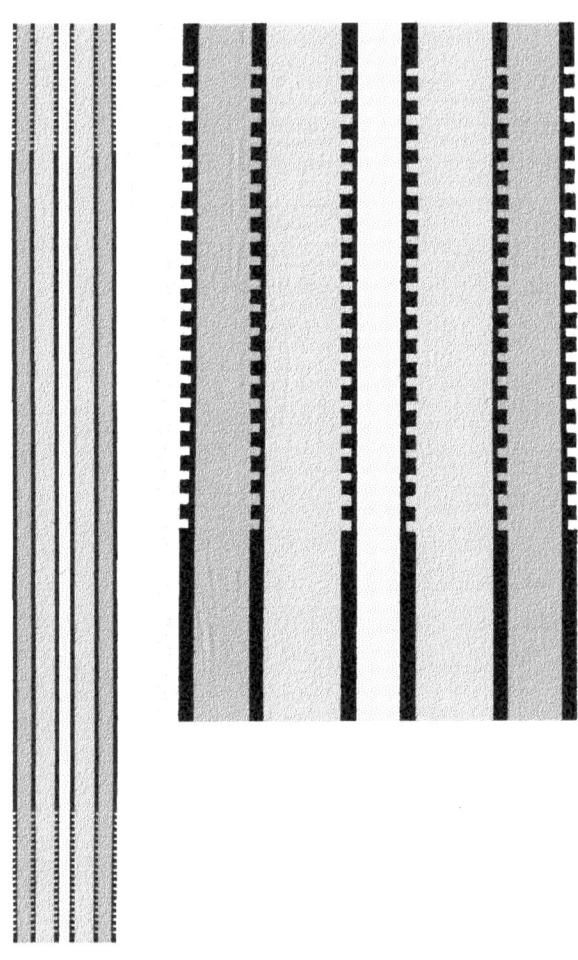

Abbildung 7a: Riffelung der Sushumna   Abbildung 7b: Riffelung der Sushumna
(Ausschnittvergrößerung)

Kapitel 3

Vorzeitiges Erwachen der Kundalini

1. Auslöser für vorzeitiges Erwachen

Für ein vorzeitiges Erwachen der Kundalini gibt es folgende Auslöser:

- eine heftige körperliche Erschütterung
- eine heftige seelische Erschütterung
- übertriebene Meditation
- riskante Energieübungen

Eine „heftige" körperliche Erschütterung bezieht sich nicht auf die üblichen Stürze und Verletzungen, die man sich im Alltag gelegentlich zuzieht. Ein einziger extrem harter Stoß auf das Steißbein oder ein Unfall, bei dem dieses auf das heftigste mit erschüttert wird, ist jedoch in Einzelfällen in der Lage, die Kundalini wachzurütteln.

Auch bei der heftigen seelischen Erschütterung ist die Intensität ausschlaggebend. Ein Trauma z.B., das uns derart in unserem Innersten trifft, dass hierdurch unser gesamtes bisheriges Leben in Frage gestellt wird, kann die Kundalini aus ihrem Schlaf erwecken.

Bei der Übertreibung der Meditation kommt es sowohl auf das Ausmaß als auch auf die verwendete Meditationstechnik an. Manche Meditationsübungen sind bezüglich der Kundalini völlig harmlos und erzeugen bei einem Übermaß lediglich eine Verwirrtheit, verbunden mit Schwierigkeiten, den alltäglichen Pflichten nachzukommen. In Extremfällen muss psychiatrische Hilfe in Anspruch genommen werden, insbesondere dann, wenn verdrängte Aspekte der Psyche so massiv an die Oberfläche treten, dass sie nicht mehr verkraftet werden können. Es gibt aber Techniken, die in Bezug auf die Kundalini nicht ungefährlich sind und in Indien nur vom Meister an den Schüler weitergegeben werden. Leider wurden mittlerweile etliche davon im Westen publik und sind sogar in einschlägigen Büchern nachzulesen. Die Folgen sind unabsehbar. Es gibt sogar psychiatrische Kliniken, die mittlerweile sehr viel Erfahrungen mit derartigen Meditations- und Yoga-Unfällen haben. So erfuhr ich, als ich mich in einer psychiatrischen Klinik nach einer Bekannten erkundigte, die wegen massivsten Kundalini-Krisen mehrfach dort eingeliefert worden war, dass sie nicht die

Einzige sei, die aufgrund selbstverschuldeter Probleme infolge spiritueller Übungen dort behandelt würde.

Genauso problematisch sind Energieübungen, bei denen Hitze im Unterleib erzeugt wird. Teilweise wird dies durch Manipulation von sexuellen Energien erreicht. Die freigesetzte Energie lässt man in bestimmten Kreisläufen zirkulieren, was nicht nur äußerst angenehme Empfindungen auslöst, sondern teilweise auch sehr lustvolle. Steigern sich diese plötzlich zu regelrecht orgastischen Gefühlen, ist dies ein Hinweis darauf, dass die akute Gefahr eines vorzeitigen Erwachens der Kundalini besteht.

In der einschlägigen Literatur finden sich Hinweise darauf, dass die Kundalini vereinzelt auch durch halluzinogene Drogen erwachen kann. Mir sind hierzu jedoch keine konkreten Fälle bekannt.

2. Vorboten für vorzeitiges Erwachen

Vor dem Erwachen der Kundalini treten sehr häufig typische Symptome auf, die diesen Vorgang ankündigen. Meist sind es dann nur noch einige wenige Wochen, bis die Kundalini erwacht und schlagartig zum ersten Mal aufsteigt. In manchen Fällen lässt sich dieser Prozess noch stoppen, indem alle spirituellen Übungen, wie Meditation, Mantra-Singen etc., sofort eingestellt werden.

Die nachfolgend aufgezählten Vorboten müssen nicht alle auftreten, oft sind es nur zwei oder drei. In seltenen Fällen kommt es vorher zu keinerlei derartigen Symptomen.

Typische Vorboten:
- plötzlich veränderte optische Wahrnehmung – alles erscheint viel klarer, Farben werden wesentlich intensiver erlebt
- plötzlich veränderte akustische Wahrnehmung – feinere Nuancen von Tönen werden erlebt, gleichzeitig entsteht eine zunehmende Geräuschempfindlichkeit
- grundlose Euphorie, unabhängig von äußeren Ereignissen und Situationen
- intensive Lustgefühle im Beckenbereich, die nur bei der Meditation oder bei speziellen energetischen Übungen auftreten
- intensive Hitzeempfindungen im Beckenbereich, die die Wirbelsäule aufsteigen und vollkommen unkontrolliert auftreten, unabhängig von Meditation oder energetischen Übungen
- schlagartig auftretende Kälte in den Extremitäten, ohne jeden äußeren Anlass und unabhängig von der Außentemperatur

Plötzlich veränderte optische und akustische Wahrnehmungen können auch als Folge intensiver Meditation erlebt werden. Grundlose Euphorie, sollte sie allein auftreten, kann auch Ausdruck einer psychischen Störung (Manie) sein. Zu intensiven Lustgefühlen im Beckenbereich kann es auch durch exzessive Energieübungen (z.B. beim sogenannten Tao Yoga) kommen, bei denen sehr viel Energie im Beckenbereich konzentriert wird. Allerdings können solche Übungen auch ein Erwachen der Kundalini hervorrufen. Breiten sich die erlebten Lustgefühle nach oben aus, dann ist dies ein ziemlich eindeutiger Hinweis darauf, dass sich die Kundalini regt.

Intensive Hitzeempfindungen im Beckenbereich, die die Wirbelsäule aufsteigen, sind absolut typisch für die Kundalini und treten ausschließlich in Zusammenhang mit deren vorzeitigem Erwachen auf. Die aufsteigenden Hitzeempfindungen begleiten sehr häufig auch die Kundalini-Krisen, wobei die Intensität von deutlich spürbarer Wärme bis zu einem äußerst schmerzhaften Glühen variieren kann.

Schlagartig auftretende Kälte in den Extremitäten kann auch Ausdruck von Durchblutungsstörungen oder Herzkrankheiten sein. Allerdings treten die Symptome dort nicht schlagartig auf, es sei denn es handele sich um Spasmen der Gefäße (Morbus Raynaud).

3. Kundalini-Krisen

Tobt die Kundalini aufgrund von Verunreinigungen in der Sushumna, so kommt es zu einer ganzen Reihe von körperlichen, psychischen und spirituellen Phänomenen, die teilweise äußerst heftig und für den Betroffenen als bedrohlich empfunden werden können. Ich habe bei der nachfolgenden Auflistung von Symptomen, die für Kundalini-Krisen typisch sind, auf die Studien von Dr. Lee Sannella[12] zurückgegriffen und durch eigene Erfahrungen in meiner Praxis ergänzt. Sannella ist Psychiater und Mitbegründer der Kundalini-Klinik in San Francisco. Die meisten der von ihm beschriebenen Phänomene konnte ich auch bei meinen eigenen Kundalini-Patienten beobachten.

a) Körperliche Phänomene

I) Motorische Phänomene
   ○ *unwillkürliche Körperbewegungen*
   ■ anhaltendes Zittern mit und ohne Kältegefühle
   ■ Vibrieren des gesamten Körpers

---

12   Vgl. Lee Sannella, Kundalini Erfahrung und die neuen Wissenschaften, Essen 1989, S.87 ff.

- Muskelzuckungen bis hin zu unvermitteltem Um-sich-Schlagen wie bei elektrischen Schlägen
- heftige Kopfbewegungen bis hin zu unkontrolliertem Kopfschütteln
- spontanes Einnehmen bestimmter Yoga-Positionen (bei Personen, die noch nie zuvor Yoga praktiziert haben)
- spontanes Einnehmen von Mudras[13] ohne deren Kenntnis
- spontanes Weinen, Schreien, Lachen, Singen, Pfeifen

○ *ungewöhnliche Atemmuster*
- schnelles Atmen
- flaches Atmen
- tiefes Atmen
- längeres Anhalten des Atems
- schlagartiges Hyperventilieren

○ *Lähmungen*
- zeitweilige Fixierung des Körpers in einer bestimmten Position im Zustand tiefer Meditation
- kataleptische Starre des gesamten Körpers während tiefer Meditationsphasen

---

13 Handgesten, die im Yoga eine symbolische Bedeutung besitzen.

■ Lähmungserscheinungen im Bereich der Extremitäten

II) Sensorische Phänomene

○ *Lustvolle Sensationen*

■ Kitzeln, Kribbeln, Jucken, Vibrieren sowohl auf der Haut als auch im Inneren des Körpers

■ elektrische Ströme, die durch einzelne Körperteile ziehen

■ tiefes ekstatisches Kitzeln in einzelnen Körperbereichen

■ orgastische Gefühle, die die Wirbelsäule aufsteigen

○ *Hitze- und Kälteempfindungen*

■ extreme Hitze oder extreme Kälte im ganzen Körper oder auch in einzelnen Körperteilen

■ Hitzegefühle oder Kältegefühle, die die Wirbelsäule aufsteigen

■ brennende Hitze im Bereich des Rückens, die extrem schmerzhaft sein kann (z.B. ein Gefühl, als ob ein glühender Nagel im Rückenmark emporgeschoben würde)

■ glühende Hitze im Bereich innerer Organe

■ Gefühl, innerlich zu verbrennen

○ *Optische Halluzinationen*
- Strahlendes Licht, das in der Wirbelsäule oder auch im Inneren des Schädels wahrgenommen wird
- Lichtvisionen um den Kopf
- Innere Bilder, farbig, kaleidoskopartig
- Helligkeit in einem abgedunkelten Raum (das Schlafzimmer erscheint taghell)

○ *Akustische Halluzinationen*
- Rauschen, Zischen, Zirpen, Pfeifen
- Tosen wie ein Wasserfall
- Musikinstrumente wie Flöten, Zimbeln, Glocken

○ *Schmerz*
- meist im Kopf oder in der Wirbelsäule
- beginnt abrupt und ohne erkennbare Ursache
- verschwindet wieder ebenso abrupt
- Gefühl von Starkstrom im Körper

b) Psychische Phänomene
○ *Ungewöhnliche oder extreme Emotionen*
- ekstatische Glücksgefühle
- Gefühle des Friedens und der Harmonie mit der ganzen Welt
- Gefühl der Verbundenheit mit allen Wesen

- Empfindungen von Liebe und Freude
- Phasen intensiver Angst, Furcht, Verwirrung
- tiefe Depressionen

○ *Verzerrungen des Denkprozesses*
- verlangsamtes oder auch beschleunigtes Denken
- kurzfristige Blockade, die jegliches Denken unmöglich macht
- seltsame oder irrationale Gedanken
- Gefühl, kurz vor dem Ausbruch einer Geisteskrankheit zu stehen
- plötzliches Verfallen in tiefe Trancezustände
- Gefühl der Entfremdung oder gar Verwirrtheit

○ *Losgelöstheit*
- Eindruck, nur Beobachter zu sein und die eigenen Gedanken, Gefühle und Empfindungen nur aus der Ferne zu beobachten
- Innere Distanz zur Umgebung – die Außenwelt wird wie auf einer Kinoleinwand wahrgenommen, ohne eigenen Bezug

c) Spirituelle Phänomene

○ *Außerkörperliche Erfahrungen*
- Gefühl, den Körper zu verlassen
- Beobachtung des eigenen Körpers von außen

○ *Paranormale Wahrnehmungen*
- Fernwahrnehmungen (z.B. das Hören von Personen über weite Entfernungen)
- plötzliche Aura-Sichtigkeit
- Wahrnehmung von geistigen Führern
- Visionen von Meistern oder Gottheiten

Kapitel 4

Fallbeispiele für vorzeitiges Erwachen der Kundalini

1. Folge von heftiger körperlicher Erschütterung

Eine Frau Anfang sechzig kommt wegen extremer Kopf-schmerzen in meine Praxis. Diese haben vor neun Jah-ren angefangen und halten bis jetzt unverändert an. Die Schmerzen sind derart unerträglich, dass sie sie fast in den Wahnsinn treiben.

Begonnen hatten die Kopfschmerzen nach einem hef-tigen Sturz. Die Patientin war damals auf einen Stuhl gestiegen, um etwas von einem Schrank zu holen. Dabei war der Stuhl umgekippt und sie mit dem Steiß auf ein Yoga-Bänkchen gestürzt. Aus Angst, sie hätte sich den obersten Halswirbel gebrochen, hatte sie sich eine drei-viertel Stunde lang nicht zu bewegen getraut. Sie schien sich aber nicht ernsthaft verletzt zu haben und hatte sich wieder erholt. Drei Tage später hatte sie daher ihre Yoga-Übungen fortgesetzt. Beim Yoga-Kopfstand hatte sie dann plötzlich das Gefühl, dass etwas vom Steiß die Wirbelsäule hochschoss und im Kopf explodierte. Über dem Kopf hatte sie die Empfindung eines Springbrunnens, und der Kopf hatte sich angefühlt, als ob er geplatzt und aufgerissen wäre. Ihre Yoga-Lehrerin, der sie diesen Vorfall berichtete, erklärte ihr, dass dies eine Reinigung sei und sie dies für die nächsten acht bis zehn Jahre behalten würde, was dann auch tatsächlich der Fall war.

Als Folge des vorzeitigen Erwachens der Kundalini erlebt sie die folgenden Symptome:

Körperlich:
- Die Augen verschlechtern sich extrem. Sie benötigt eine neue Brille nach der anderen.
- Netzhautablösung. Ihre Augen müssen gelasert werden.
- Kopfschmerz, als würde sich von oben eine Hand in den Kopf krallen, verbunden mit dem Gefühl, als ob sich dort etwas staue.
- Schwindel, Übelkeit
- Pulsieren vom Kopf nach unten in den Bauch.
- Das Gefühl, innerlich zu verbrennen, wie Starkstrom im Körper.

○ Empfindung, als ob heiße Steine durch ihren Körper fliegen.

○ glühendes Gefühl in Lunge und Bauchraum, zeitweise verbunden mit einem Brennen in der Lunge.

○ Krämpfe (Herzkrämpfe, Ischialgie, steife Zehe)

Psychisch:

○ Akustische Halluzinationen:
· Rauschen im Kopf, zeitweise pulsierend
· Zischen
· Helle Glocken
· Zirpen einer Grille
· Sie hat dabei das Gefühl, verrückt zu werden und sagt, sie kenne die Hölle pur

○ Wahrnehmung der Umgebung, als ob ein Film vor dem Kopf ablaufe und die Bilder wegrollen, ähnlich einem alten Film, der noch von Hand gekurbelt wird.

○ Häufige Lichtvisionen. Sie sieht ein derart gleißendes Licht, dass sie sich die Augen zuhalten oder den Rock über den Kopf ziehen muss.

○ Sie sieht innerlich helle, farbige, kaleidoskopartige Bilder, kann sich aber nicht daran erfreuen und reagiert sogar teilweise mit blankem Entsetzen.

○ Angst, irgendwohin zu gehen und dort nicht anzukommen.

○ Im Gebet Gefühl von Glück und Freude. Dabei sieht sie um sich herum unendlich viele Farben.

Spirituell:

○ Sie wird hellfühlig, bekommt Dinge mit, die sie eigentlich gar nicht mitbekommen kann. So hört sie beispielsweise andere Personen über weite Entfernung reden.

○ Das Gefühl, sie müsse etwas ganz schnell sagen. Es ist, als ob ihr die Worte aus dem Mund fallen. Dabei entstehen Texte, die nicht von ihr kommen; Worte, die sie vorher nicht kannte. Sie schreibt auf diese Weise religiöse Abhandlungen.

Die Patientin unternimmt verschiedene Therapieversuche, die kaum Erfolge zeigen. In ihrer Not lässt sie sich in die Schmerzklinik einweisen. Aufgrund ihrer extremen Sensibilität spürt sie aber die Röntgenstrahlen wie Nadelstiche und schreit vor Schmerz. Aus Angst lehnt sie deshalb die empfohlene Magnetresonanztherapie ebenso ab wie eine vorgeschlagene Operation.

2. Folge von heftiger seelischer Erschütterung

Während meiner Studentenzeit gibt mir eine befreundete
Yoga-Lehrerin die Adresse eines jungen Mannes, bei dem
die Kundalini erwacht sein soll. Dieser empfängt mich
tatsächlich und erzählt mir, dass er in eine tiefe seelische
Krise gestürzt sei, als seine Freundin die Verlobung aufgelöst und sich von ihm getrennt habe. Er wollte danach
nicht mehr leben, legte sich auf den Rücken und bat Jesus,
dass er sterben dürfe. Im nächsten Moment schoss eine
Energie die Wirbelsäule hoch. Dieses Strömen in seiner
Wirbelsäule spüre er heute noch immer, obwohl das geschilderte Ereignis bereits mehrere Jahre zurückläge.

Seither ist er körperlich und seelisch nicht mehr be-
lastbar. Seinen Beruf als Tierarzt kann er nicht mehr
ausüben. Dennoch versucht er, stundenweise in einer
Gärtnerei zu arbeiten. Das verkraftet er aber bereits
nach ein paar Tagen nicht mehr und muss notgedrungen
wieder damit aufhören. Von seinem Arzt bekommt er
daraufhin eine Beruhigungsspritze, damit er sich wieder
fängt. Nach Monaten versucht er erneut, in der Gärtnerei
zu arbeiten, mit dem Ergebnis, dass er sich nach einigen
Tagen vom Arzt wieder eine Beruhigungsspritze verab-
reichen lassen muss. Diese Prozedur wiederholt sich bei
jedem weiteren Versuch, eine Arbeit aufzunehmen.

An seinem Zustand ändert sich auch in den folgenden Jahre absolut nichts, wie ich bei meinen späteren Besuchen erleben muss. Er bleibt ein Sozialfall und verbringt seine Zeit mit kürzeren Spaziergängen und „Mensch ärgere dich nicht"-Spielen mit seiner neuen Gefährtin.

3. Folge von übertriebener Meditation

Fall 1:

Ein Mann mittleren Alters gerät mit seiner Firma in Konkurs und wird daraufhin von seiner Ehefrau als Versager aus dem Haus geworfen. In seiner neuen Wohnung findet er einen „Energiepunkt", auf dem er über mehrere Monate Tag und Nacht meditiert. Sein Vermieter, der zu dieser Zeit Patient bei mir ist, informiert mich darüber, dass mit seinem Mieter etwas nicht stimme. Dieser verlasse z.B. die Wohnung niemals, und wenn er eintrete, weil selbst auf mehrmaliges Klopfen niemand öffne, fände er den Mann jedes Mal stumm auf seinem speziellen Platz sitzend. Er würde seit Wochen auch nicht mehr sprechen und verständige sich nur noch durch Gesten. Deshalb bittet er mich darum, doch einmal vorbeizukommen.

Als ich das Zimmer betrete, finde ich einen Mann vor, der mich stumm hereinwinkt und mir bedeutet, Platz zu nehmen. Er gibt mir zu verstehen, dass er nicht sprechen könne, indem der mit seinem Finger auf seinen geöffneten Mund mit der nach oben gerollten Zunge zeigt. Laut einschlägiger Literatur soll dies angeblich helfen, eine vorzeitig erwachte Kundalini wieder nach unten zu drücken. Anschließend holt er ein Buch aus dem Regal, schlägt eine Seite auf und deutet mit dem Finger auf das Wort „Erleuchtung".

Ein halbes Jahr später wird er in einer Phase, in der es ihm verhältnismäßig gut geht, tot in seiner Wohnung aufgefunden. Laut Obduktionsbericht war er an Herzversagen verstorben.

Fall 2:

Eine Bekannte gibt ihren Beruf auf, lässt ihre Tochter beim Ex-Mann und geht nach Indien. Sie möchte dort für immer bleiben und nur noch ihrem spirituellen Weg folgen. Dort angekommen, schickt sie der Meister aber wieder nach Hause mit der Begründung, sie habe hier ihren Verpflichtungen nachzukommen und solle sich um ihren Beruf und ihre vierjährige Tochter kümmern. In den Ferien könne sie jederzeit wiederkommen, um ihn zu besuchen. Sie weigert sich, den Anweisungen des

Meisters Folge zu leisten und den Ashram zu verlassen und geht erst, als sie dort ernsthaft erkrankt. Auf ihrem Rückweg kommt sie bei meiner Familie für einen kurzen Besuch vorbei und berichtet von ihrer Verzweiflung, weil sie nicht in Indien bleiben dürfe. Sie könne sich nicht damit abfinden und würde auf gar keinen Fall mehr in ihren alten Beruf zurückkehren. Außerdem meint sie, ihre kleine Tochter sei beim Ex-Mann besser aufgehoben als bei ihr selbst.

Zu Hause angekommen, „vergräbt" sie sich in ihrer Wohnung und meditiert acht Stunden pro Tag. Nach einigen Monaten erwacht bei ihr die Kundalini. Von nun an schwankt ihr Zustand zwischen „normal" und „verrückt". Mehrfach wird sie wegen Verhaltensauffälligkeiten in die Psychiatrie eingeliefert. Einmal sitzt sie in offensichtlich verwirrtem Zustand auf einer Parkbank. Daraufhin alarmieren Passanten die Polizei, die sie in die Psychiatrie einweisen lässt. Nach mehreren Monaten Klinik-Aufenthalt wird sie entlassen, verhält sich wieder vollkommen normal und arbeitet in einem Spielzeugladen. Nach einigen Monaten dreht sie erneut durch und wird abermals in die Psychiatrie eingewiesen. Dasselbe wiederholt sich im Zyklus von drei bis sechs Monaten mehrere Jahre hindurch.

Eines Tages beobachten Kinder von der Straße aus, wie die Frau elf Stunden unbeweglich am Fenster steht.

Daraufhin alarmieren sie ihre Eltern, die die Türe aufbrechen. Als diese die Wohnung betreten, fällt sie bewusstlos um. Sie wird sofort in die Klinik eingewiesen, wo ein akutes Nierenversagen aufgrund von Toxinen diagnostiziert wird, die durch den Muskelzerfall infolge der absoluten Unbeweglichkeit entstanden sind. Dort liegt sie vier Wochen im Koma, kommt danach in eine Rehabilitationsklinik und muss wieder neu lernen zu gehen.

Als sie nach ihrer Entlassung bei uns anruft, wirkt sie am Telefon völlig normal und berichtet, dass sie wieder angefangen habe zu arbeiten. Drei Monate später wird sie tot in ihrer Wohnung aufgefunden.

Fall 3:

Ein junger Mann, Anfang dreißig, kommt wegen Impotenz in meine Praxis. Er ist esoterisch überbegeistert. Alles scheint sich bei ihm nur um dieses eine Thema zu drehen. Den Folgetermin nimmt er nicht wahr und fehlt, ohne abzusagen.

Einige Zeit später erfahre ich von einer seiner Bekannten, die selbst Patientin bei mir ist, dass er sich in einer Nervenklinik aufhalte. Er habe schon immer gesagt, dass er, falls er einmal von allem die Schnauze voll haben sollte, absichtlich durchdrehen würde. In der Psychiatrie könne er dann ungestört meditieren. Nun habe er damit ernst gemacht und absichtlich verrückt gespielt, worauf er in die Psychiatrie zwangseingeliefert wurde.

Die dort aufgrund übertriebener Meditation erwachte Kundalini fällt jedoch infolge der verabreichten Beruhigungsmittel nicht auf, so dass er nach einiger Zeit entlassen wird.

Einige Monate später berichtet man mir, er habe nach seiner Entlassung aus der Klinik vollkommen normal gewirkt. Kurze Zeit später sei er dann tot in seiner Wohnung aufgefunden worden.

Fall 4:

Ein Geschäftsmann, Mitte fünfzig, kommt in meine Praxis, weil er selbst vermutet, seine Kundalini sei erwacht. Er berichtet mir von bestimmten Phänomenen in der Wirbelsäule, die er nur in Situationen spüre, in denen er sehr ergriffen sei. So erlebe er beispielsweise Orgelkonzerte wie im Rausch. Dies habe bei einer extremen Yoga-Sitzung begonnen, bei der er zwei Tage und Nächte am Stück mit verbundenen Augen und zugestöpselten Ohren meditiert habe. Damals sei eine enorme Energie in ihm hochgeschossen. Danach habe sich alles wieder beruhigt. Jetzt spüre er diese Energie nur noch in verminderter Form bei Orgelkonzerten.

Er genießt diese Glücksgefühle. Aufgrund seiner Spielernatur und seiner Nachlässigkeit kommt er jedoch mit seinem Leben nicht zurecht. Er verspekuliert leichtsinnig sein Hab und Gut an der Börse und führt seine Firma in den Konkurs.

4. Folge von riskanten Energieübungen

Ein Freund von mir ruft an und erzählt begeistert, dass er mit seinem Tao Yoga ungeahnte Fortschritte mache, und dies innerhalb weniger Wochen. Es gelänge ihm mühelos, die Energie im „kleinen Kreislauf" zirkulieren zu lassen. Dabei entständen äußerst wohlige Gefühle im Unterleib, die teilweise lustvoller seien als Sex. Daraufhin kläre ich ihn darüber auf, dass derartige Reaktionen ein Hinweis auf eine erwachende Kundalini seien, wenn diese schlagartig bei stark forcierten energetischen Übungen aufträten. Eindringlich rate ich ihm daher, sofort mit dieser Praxis aufzuhören, was er auch tut. Doch leider kommt diese Warnung zu spät, die Kundalini erwacht einige Wochen später.

Körperliche Kundalini-Krisen bleiben ihm durch meine sofortige Behandlung[14] erspart. Er verkraftet jedoch

---

14 Vgl. Kapitel 5, Möglichkeiten eines spirituellen Heilers.

die durch die Kundalini hervorgerufenen Veränderungen langfristig nicht gut und kommt zwei Jahre später wieder in meine Praxis, weil er vollkommen durchgedreht ist und deshalb einige Wochen lang in einer psychiatrischen Klinik verbringen musste. Er hatte seine Kundalini in einer Wahnvorstellung als riesige Schlange erlebt, die ihn zu vernichten suchte. Als die Visionen nicht enden wollten, hatte er sich freiwillig einliefern lassen und war dort mit Haldol behandelt worden, einem extrem dämpfenden Medikament, das bei Psychosen eingesetzt wird.

Kapitel 5

Maßnahmen bei Kundalini-Krisen

1. Diagnose von Kundalini-Krisen

a) Typische Kundalini Phänomene

Im Rahmen von Kundalini-Krisen treten, wie bereits beschrieben, verschiedene motorische, sensorische, psychische und spirituelle Phänomene auf. Einige davon sind relativ selten, wie z.B. das Einnehmen bestimmter Yoga-Positionen, andere wiederum können auch bei bestimmten Krankheitsbildern vorkommen, beispielsweise Muskelkrämpfe bei Magnesiummangel, Kribbeln in den Fingern bei akuten Durchblutungsstörungen, plötzliche eisige Kälte in den Extremitäten bei Gefäßkrämpfen, extreme Emotionen bis hin zu ekstatischen Glücksgefühlen bei Manie, Losgelöstheit bei einer dissoziativen Störung[15] sowie verlangsamtes Denken bei Depressionen.

Lediglich zwei der in Kapitel 3 geschilderten Phänomene sind absolut typisch für Kundalini-Krisen und können daher als relativ sicheres Indiz für ein vorzeitiges Erwachen angesehen werden. Dies gilt allerdings nur dann, wenn beide zusammen auftreten. Hierbei handelt es sich um:

- Sensorische Erscheinungen wie Hitze, Kribbeln, Kitzeln etc., die ausschließlich auf der Körperrückseite aufsteigen. Sie beginnen meist am Steiß, in Einzelfällen auch an den Füßen, und breiten sich über den Rücken bis zur Schädeldecke aus. In sehr seltenen Fällen bewegen sie sich weiter nach vorne und erstrecken sich vom Kopf über die Körpervorderseite nach unten.
- Optische und/oder akustische Halluzinationen.

Diese Phänomene treten meist spontan in Zusammenhang mit den bereits erwähnten Auslösern auf. Sie werden jedoch nicht immer mit der Kundalini in Verbin-

---

15 Unter Dissoziation versteht man eine Störung, bei der es zu einer teilweisen oder völligen Abspaltung von psychischen Funktionen kommt. Hiervon gibt es unterschiedliche Formen. Bei einer Derealisation wird durch ein Gefühl der Unwirklichkeit die Umwelt als fremd oder verändert wahrgenommen. Depersonalisation ist eine Veränderung der Selbstwahrnehmung, bei der sich die Person im eigenen Körper fremd fühlt; sie beobachtet sich von außen.

dung gebracht, insbesondere dann, wenn sie sich nach einem heftigen seelischen Schock oder einer heftigen körperlichen Erschütterung zeigen. Erwacht die Kundalini hingegen nach jahrelanger Meditationspraxis, so ist dem Betroffenen zumeist bewusst, dass die sonderbaren Erscheinungen damit im Zusammenhang stehen. Fast immer treten sie während der Meditation verstärkt auf, wobei diese plötzlich als wesentlich intensiver empfunden wird.

Spektakuläre Erscheinungen wie glühende Hitze, die brennend das Rückenmark aufsteigt und grelle Lichterlebnisse hervorruft, sobald sie im Kopf angekommen ist, womöglich noch verbunden mit einem Gefühl der Glückseligkeit, sind eher selten. Meist überwiegen leidvolle Erfahrungen, die das alltägliche Leben beeinträchtigen.

Akute Kundalini-Krisen können zwar dramatische Symptome hervorrufen, es kann sich dahinter aber auch eine ernsthafte Erkrankung verbergen. In sehr seltenen Fällen löst die erwachende Kundalini auch eine bedrohliche Krankheit aus. Mir ist z.B. ein Fall bekannt, bei dem das Erwachen der Kundalini einen Herzinfarkt hervorrief und die betroffene Person sofort operiert werden musste. Aus diesem Grund ist dringend anzuraten, extreme Symptome grundsätzlich ärztlich abklären zu lassen. Optische Halluzinationen könnten beispielsweise

Ausdruck einer Netzhautablösung sein, akustische Halluzinationen die Folge eines Hörsturzes. Rhythmische Zuckungen der Arme und Beine treten auch bei Epilepsie auf, neurologische Symptome bei Rückenmarksverletzungen, Schlaganfällen und Hirnblutungen.

b) Der Unterschied zwischen Kundalini-Krisen und Schizophrenie

Es gibt ein psychologisches Krankheitsbild, welches sehr leicht mit Kundalini-Krisen verwechselt werden kann – die Schizophrenie.[16] Hierzu existiert eine Studie, die am Psychologischen Institut der Universität Freiburg von Liane Hofmann im Rahmen ihrer Diplomarbeit durchgeführt wurde. Sie wertete über zweihundert Kundalini-Fälle aus, die sie in der Literatur ausführlich beschrieben fand, und erarbeitete daraus den nachfolgenden Vergleich:[17]

Gemeinsam:

---

16 Schizophrenie bezeichnet ein Nebeneinander von gesunden und veränderten Erlebens- und Verhaltensweisen und wird daher auch „Spaltungs-Irresein" genannt.

17 Nach einer Studie von Liane Hofmann, Psychologisches Institut Freiburg, veröffentlicht in Esotera 8/98, Die neue Psi-Forschung Teil 6

- Akustische und körperbezogene Halluzinationen
- eine veränderte Körperwahrnehmung
- Störungen in der Bewegung (insbesondere katatone[18] motorische Störungen)

Symptome, die nur für Kundalini-Krisen typisch sind, nicht aber für Schizophrenie:

- Veränderungen der Atemfrequenz
- extreme Temperaturunterschiede zwischen benachbarten Bereichen
- lokale Schmerzen
- außerkörperliche und ekstatische Erfahrungen
- Lichterlebnisse
- ein zum Kopf hin aufsteigendes Fortschreiten der Symptome

Symptome, die allein für Schizophrenie typisch sind:

- Inhaltliche und formale Denkstörungen und damit einhergehende Sprachverarmung
- vernachlässigte Hygiene
- soziale Isolation
- Energieverlust

---

18 Kataton bedeutet: In krankhafter Weise mit impulsiven Handlungen und plötzlichen Bewegungsentladungen einhergehend.

c) Vermeintliches Erwachen der Kundalini

Eine Patientin mittleren Alters klagt über angebliche Kundalini-Probleme. Sie hat einen Klangmassage-Workshop besucht, bei der sie vier Tage hintereinander jeden Morgen eine Trommel-Meditation von einer halben Stunde Dauer absolvierte. Zudem erhielt sie zwei Mal täglich eine Klangmassage von dreißig bis fünfundvierzig Minuten Dauer. Nach einer der Trommel-Meditationen spürte sie eine große Hitze in ihrem Körper. Es kam plötzlich zu einer wahnsinnigen Wärme in ihrem Unterbauch, die zuerst in den Oberbauch und dann weiter zum Herz aufstieg. Diese Symptome traten am Anfang nur auf der Körpervorderseite auf. Nach einigen Wochen zogen sie auch nach hinten zum Hals und zu den Schultern. Mittlerweile steigen sie weiter auf, die Zunge brennt, und im Laufe des Tages kommt es zu Augenbrennen. Sie erlebt alles um sich herum wie auf einer Kinoleinwand, ohne selbst einen Bezug zur Umgebung zu haben. Außerdem ist sie sehr geräuschempfindlich und hat oft das Gefühl, Lärm nicht auszuhalten.

Wie die falsche Richtung der Symptome und das Fehlen von optischen und akustischen Halluzinationen zeigt, handelt es sich hier nicht um eine Kundalini-Krise. In diesem Fall erzeugte eine sogenannte „endokrine Reaktion" ähnliche Hitze-Symptome wie die Kundalini. Diese wurden über den „Dreifachen-Erwärmer" der Akupunktur ausgelöst, der durch ein massives seelisches Trauma vorgestört und durch die intensiven Klangvibrationen stimuliert worden war. Das einzige halluzinatorische Phänomen, „das Gefühl, alles auf einer Kinoleinwand zu erleben", ist ebenfalls typisch für eine Störung des zu diesem feinstofflichen Organ gehörenden Meridians.

2. Notfallmaßnahmen

Ist die Kundalini vorzeitig erwacht, gibt es drei Sofortmaßnahmen, um die daraus resultierenden Kundalini-Krisen einzudämmen.

Die erste versteht sich von selbst: Sofort mit jeder Art von Meditation, energetischen Übungen und allen Praktiken, die das Erwachen der Kundalini zur Folge hatten, aufzuhören. Selbst das Singen von Mantras[19] ist zu unterlassen, da diese direkt die Kundalini zum Aufsteigen bringen und die Kundalini-Krisen verstärken. Vielfach

---

19 Religiöse Wortfolgen, meist auch Namen von Gottheiten, die fortlaufend wiederholt werden. In der hinduistischen und buddhistischen Praxis werden diese in der Meditation, beim Gebet oder auch unter Zuhilfenahme von Gebetsketten rezitiert.

erübrigt sich dieser Rat von allein, da die Betroffenen selbst mitbekommen, wie sich diese Übungen auswirken: Die von ihnen durchlebten Phänomene eskalieren postwendend.

Die zweite Sofortmaßnahme besteht darin, den Körper zu „erden". Dies gelingt am einfachsten durch Verzehr von Fleisch, wobei Schweinefleisch den intensivsten Effekt zeigt. So berichteten mir mehrere Betroffene, dass die geklagten Symptome unmittelbar nach dem Fleischverzehr nachließen und die Wirkung längere Zeit anhielt. Vegetarier mögen hier einwerfen, Fleisch würde „herunterziehen" und sei daher hinderlich für die spirituelle Entwicklung. Dies ist jedoch genau der Effekt, den man sich hier zunutze machen kann.

Ob Fleisch tatsächlich der spirituellen Entwicklung entgegenwirkt, sei dahingestellt. Zum einen ist die Kundalini eine derart starke spirituelle Kraft, dass sich die spirituelle Entwicklung nicht mehr durch Nahrungsmittel beeinträchtigen lässt, zum anderen geht es bei Kundalini-Krisen ausschließlich darum, diese zu überleben. Dies soll allerdings nicht heißen, dass eine gesunde Ernährung vollkommen unwichtig wäre. Es ist nur so, dass die Ernährung keinen direkten Einfluss auf die Kundalini hat. Lediglich der Genuss von Fleisch hat während der Kundalini-Krisen die oben geschilderte Wirkung.

Die dritte und letztlich wichtigste Notfallmaßnahme besteht in der absoluten Kontrolle aller Emotionen, die sich auf den durchgemachten Kundalini-Prozess beziehen. Die Kundalini verstärkt sämtliche Emotionen, positive wie negative. Auf diese Weise wird aus Angst sehr schnell Panik, und aus Panik entstehen rasch paranoide Wahnvorstellungen. Aus diesem Grund ist es enorm wichtig, sämtliche Gefühle in Zaum zu halten, die sich auf die erwachte Kundalini und den daraus resultierenden Gesundheits – und Geisteszustand beziehen. Jegliches Gefühl von Besorgnis und Angst sollte sofort beiseite geschoben werden, um eine Eskalation zu vermeiden.

Dies bedeutet natürlich nicht, dass man im Alltag sämtliche negativen Gefühle unterdrücken sollte, ganz im Gegenteil: Druck erzeugt Gegendruck, der sich gerade während der Kundalini-Krisen durch unkontrollierte Gefühlsausbrüche bemerkbar machen kann. Ist man aufgrund irgendeiner äußeren Situation verärgert, dann ist das eben so, und man sollte damit genauso umgehen wie vor dem vorzeitigen Erwachen der Kundalini. Eine Rolle spielen nur besonders heftige Emotionen und alle Gefühle, die mit der Kundalini in Verbindung stehen.

Vielfach macht die Panik – „Was geschieht mit mir?" – den größten Teil des Leidensdrucks aus. Vertrauen auf Gott ist hier sehr hilfreich. Allerdings verstärken religiöse Praktiken wiederum die Kundalini-Krisen, weshalb ein kurzes Gebet sinnvoller ist als stundenlange Gregorianische Gesänge oder Kirtan.[20]

3. Begleitende Behandlungsmöglichkeiten in der Naturheilkunde

Mit naturheilkundlichen Methoden lässt sich zwar die Kundalini selbst nicht behandeln; es ist aber sehr wohl möglich, die Folgen der Kundalini-Krisen einzudämmen und den Zustand des Patienten zu stabilisieren. Die therapeutische Begleitung hat daher mehr den Charakter einer „Geburtshilfe" als einer tatsächlichen Therapie. Hierfür gibt es drei Ansatzpunkte:

Der erste und wichtigste ist die psychische Begleitung des Patienten. Hierbei gilt es, das emotionale Gleichgewicht so weit wie möglich wiederherzustellen. Hilfreich ist hier – neben dem Gespräch und der Aufklärung des Patienten über seinen Zustand – der Einsatz von Bach-Blüten, ätherischen Ölen und psychisch wirkenden Heilpflanzen.

---

20 Mantrische Gesänge im Rahmen einer hinduistischen Andacht.

Der zweite Ansatzpunkt ist die weitgehende Beseitigung der körperlichen Folgen der Kundalini-Krisen. Hierzu gehören vor allem Schmerzen, Verkrampfungen, Sensibilitätsstörungen und hormonelle Fehlregulationen. Neben pflanzlichen Medikamenten können hier auch Therapien wie Akupunktur, Shiatsu oder auch Craniosacral-Therapie zum Einsatz kommen.

Der dritte Aspekt ist die Diagnose und Behandlung von etwaigen Mangelerscheinungen. Durch die extrem hohe Belastung des Körpers infolge der Kundalini-Krisen kann es zu einem höheren Bedarf an Vitaminen und Spurenelementen kommen, der durch die Ernährung nicht mehr gedeckt werden kann. Mangelerscheinungen können so eigene Beschwerden verursachen oder bereits vorhandene Symptome verstärken. So kann es vorkommen, dass Muskelkrämpfe gar nicht durch die Kundalini verursacht werden, sondern durch einen vorhandenen Magnesium-Mangel. Dasselbe gilt für Nervenschmerzen und Vitamine der B-Gruppe.

Allgemeine gesundheitliche Ratschläge sind hier nicht immer von Nutzen, da sich der Körper in einem Ausnahmezustand befindet. So kann es sein, dass die Kundalini tobt, sobald sich der Betroffene hinlegt und zur Ruhe kommt. In diesem Fall ist der Rat, für ausgiebig Schlaf zu sorgen, kontraproduktiv. Der Patient sollte hier eher versuchen, mit möglichst wenig Schlaf auszukommen, um die Schäden durch die Kundalini zu minimieren. Dies gilt allerdings nur für die Dauer der Kundalini-Krisen.

Empfehlungen bezüglich der Lebensführung sollten daher immer auf den Zustand der Kundalini abgestimmt werden, was entsprechendes Fachwissen auf Seiten des Behandlers voraussetzt.

4. Möglichkeiten eines spirituellen Heilers

Es gibt verschiedene Arten des Heilens. Bei den meisten davon handelt es sich um energetisches Heilen, bei dem in der einen oder anderen Form Prana übertragen wird. Diese Techniken können von jedem Therapeuten erlernt werden.

Spirituelles Heilen dagegen setzt zwei Dinge voraus. Zum einen muss der Heiler auf der spirituellen Ebene verankert sein, was entweder durch die Mithilfe von geistigen Führern oder durch eine erwachte Kundalini, die sich unter voller Kontrolle des Bewusstseins befindet, möglich ist:[21] zum anderen muss der Körper des Heilers in der Lage sein, eine spezielle „Energie" zu produzieren, die grobstofflicher als Prana ist, aber noch nicht ma-

---

21 Vgl. Kapitel 7, Fähigkeit zu heilen

teriell. Diese äußerst seltene Fähigkeit ist angeboren und nicht durch irgendeine Schulung zu erwerben.

Der Heiler muss jedoch erlernen, diese „Energie" mit seinem Bewusstsein zu formen, ähnlich wie das Herstellen von Figuren aus Knetmasse. Je nach Entwicklungsgrad kann er auf diese Weise jede Energie und jede Schwingung, die der Patient benötigt, erzeugen. Die Voraussetzung ist selbstredend, dass er vorher – wie bei jeder anderen Behandlungsmethode auch – eine korrekte Diagnose erstellt hat.

Mittels dieser Methode lässt sich – im Gegensatz zu den zuvor beschriebenen begleitenden Behandlungsmöglichkeiten – direkt in den Kundalini-Prozess eingreifen. Dieser lässt sich aber nicht stoppen. Es ist jedoch möglich, jede Veränderung im Körper, die erforderlich ist, hervorzurufen. Die wichtigste Behandlungsmöglichkeit besteht darin, die Verunreinigungen aus der Sushumna herauszuholen und damit die Kundalini-Krisen sofort zu beenden. Ferner ist es auch möglich, die Weitung der Sushumna kurzfristig zu unterbinden, um damit die Intensität der Kundalini zu begrenzen. Allerdings übernimmt der Heiler damit die spirituelle Verantwortung für den Patienten.[22]

---

[22] Vgl. Kapitel 7, Die Bedeutung des Meisters

Spirituelle Hilfe diese Art setzt jedoch voraus, dass der Patient das Erwachen der Kundalini nicht durch Leichtsinn, spirituelle Gier oder Geltungssucht selbst herausgefordert hat, indem er bewusst mit irgendwelchen Praktiken oder Meditationstechniken Missbrauch betrieben hat. In diesem Fall ist der Heiler verpflichtet, eine derartige Therapie abzulehnen, da dies sonst einen Missbrauch von spirituellen Kräften bedeuten würde.

5. Einfluss von Alkohol und Drogen

Es gibt einige wenige Stoffe, die den Fluss der Kundalini direkt oder auch indirekt beeinflussen. Hierzu gehören vor allem Alkohol und eine ganz bestimmte Droge. Ärztlich verordnete Psychopharmaka haben hingegen keinen Einfluss auf den Kundalini-Prozess. Deren Einnahme ist aus dieser Sicht ebenso unbedenklich wie der Gebrauch pflanzlicher Beruhigungsmittel.

Alkohol wirkt auf das Bewusstsein, indem es in steigender Dosierung einen zunehmenden Kontrollverlust erzeugt. Dieser Prozess findet auf feinstofflicher Ebene bereits bei sehr kleinen Mengen statt. Infolgedessen kann die Kundalini dadurch kurzzeitig außer Kontrolle geraten. Aus diesem Grund ist es ratsam, während der Kundalini-Krisen abstinent zu bleiben.

Haschisch wirkt sich auf den Kundalini-Prozess absolut fatal aus. Es verändert sofort die Permeabilität der Sushumna, wodurch die Kundalini ohne jede spirituelle Übung unmittelbar hochsteigt. Indische Yogis nutzen diesen Effekt, indem sie die Kundalini unter dem Einfluss dieser Droge kontrolliert aufsteigen lassen. Bei Kundalini-Krisen beginnt diese jedoch noch mehr zu toben, da sie jetzt mit noch mehr Wucht auf die Verunreinigungen in der Sushumna trifft. Steht die Kundalini kurz vor ihrem Erwachen, kann dieser Prozess durch den Gebrauch dieser Droge beschleunigt werden, d.h. das vorzeitige Erwachen tritt noch früher ein.

Andere Drogen haben, abgesehen von ihrer allgemein schädlichen und suchterzeugenden Wirkung, keinen Einfluss auf die Kundalini. Von ihrem Gebrauch ist dennoch abzuraten, da sie Körper und Geist zerstören und niemals irgendeine Hilfe auf unserem Weg darstellen.

Rauchen dagegen „erdet" und bremst infolge seiner selbstzerstörerischen Wirkung auch die Kundalini. Das heißt jedoch nicht, dass es empfehlenswert wäre, mit dem Rauchen zu beginnen, um Kundalini-Krisen einzudämmen. Abgesehen davon hat das Essen von Fleisch diesbezüglich einen wesentlich größeren Effekt. Rauchen ist extrem gesundheitsschädlich und sollte möglichst unterlassen werden. Eine Kundalini-Krise ist jedoch der falsche Zeitpunkt, um mit Rauchen aufzuhören. Besser wäre es, damit zu warten, bis die Kundalini nicht mehr tobt. Außerdem belastet die Suchtentwöhnung zusätzlich.

Kapitel 6

Das Ende der Kundalini-Krisen

1. Die Kundalini „schläft"

Sind alle Verunreinigungen in der Sushumna aufgelöst, enden die Kundalini-Krisen. Die Betroffenen spüren danach vielfach nichts mehr von dieser spirituellen Kraft und haben den Eindruck, sie schlafe. In Wirklichkeit ruht sie jedoch ungenutzt am unteren Ende der Wirbelsäule und wartet darauf, durch entsprechende Yoga-Techniken aktiviert und in das oberste Chakra empor geleitet zu werden. Nun beginnt der eigentliche Pfad, indem die Kundalini als Werkzeug für den spirituellen Weg genutzt wird. Da sie jetzt weder unangenehme Reaktionen auslöst noch unkontrolliert aufsteigt, stellt sie auch keine Beeinträchtigung mehr für das alltägliche Leben dar. Sie ist Teil der spirituellen Praxis und kann zur Meditation und zu Heilungszwecken gezielt eingesetzt werden.

Bedauerlicherweise fehlt oft das Wissen, um sie für diese Zwecke nutzbar zu machen. Dies ist insbesondere dann der Fall, wenn sie als Folge heftiger körperlicher oder seelischer Erschütterung unbeabsichtigt erwacht ist. Die Betroffenen nehmen dann die „schlafende" Kundalini als gegeben hin, da sie keine Informationen über den tatsächlichen Sachverhalt besitzen.

2. Die Kundalini strömt Tag und Nacht

a) Grundlagen

In einigen Fällen strömt ein gewisser Anteil der Kundalini Tag und Nacht die Wirbelsäule aufwärts. Dessen Intensität ist gering im Vergleich zum aktivierten Zustand, weshalb dieses Phänomen meist nicht wahrgenommen wird. Die Stärke dieser „Standleitung" hängt ausschließlich vom Durchmesser der Sushumna ab und lässt sich durch spirituelle Übungen nicht beeinflussen. Mit zunehmender Weitung der Sushumna vergrößert sich auch der ununterbrochene Strom der Kundalini. Besteht dieser bereits von Anfang an, so verstärkt er die Kundalini-Krisen ungemein, abhängig von seiner Intensität und dem Ausmaß an Verunreinigungen in der Sushumna.

Ist die Sushumna gereinigt, bewirkt dieser ununterbrochene Strom im Gegensatz zur oben beschriebenen „schlafenden" Kundalini einen gewissen spirituellen Fortschritt, auch ohne Zutun des Betroffenen. Es ist, als ob dieser Tag und Nacht meditieren würde, neben seinen Aktivitäten und auch während des Schlafs.

b) Körperliche Folgen

Die Auswirkungen sind abhängig von der Intensität des permanenten Kundalini-Stroms, der selbst meist nicht wahrgenommen wird. Die häufigsten Symptome bestehen in einer permanenten unterschwelligen Benommenheit, Schläfrigkeit und dem Gefühl, nicht ganz da zu sein. Der Zustand ähnelt dem der Verträumtheit. Die Betroffenen sind etwas schusslig und teilweise vergesslich. Mit der Zeit lernen sie damit umzugehen, indem sie mehr Aufmerksamkeit auf das richten, was sie tun. Auf diese Weise lösen sich die unangenehmen Begleiterscheinungen oft unmerklich wieder auf.

In Einzelfällen, in denen das kontinuierliche Strömen der Kundalini extrem heftig ist, kommt es auch zu massiveren Symptomen, wie körperlichen Schwächezuständen und nervlicher Überdrehtheit. Sobald sich das Nervensystem daran gewöhnt hat, lassen diese jedoch von allein wieder nach.

c) Spirituelle Folgen

Der permanente Strom der Kundalini führt zu einer vermehrten Sensibilität in Bezug auf religiöse Empfindungen. So treten Gefühle von Glückseligkeit, Frieden und allumfassender Liebe nicht nur während der Meditation auf, wenn die Kundalini aktiviert ist, sondern auch beim Singen religiöser Lieder und beim Gebet. Oft kommt es dabei auch zu Lichtvisionen oder einem feinen Rauschen in den Ohren als Ausdruck einer „hörbaren" Stille. In einigen Fällen aktiviert sich die Kundalini zusätzlich und wird als angenehmes Strömen, Pulsieren oder aufsteigendes Glücksgefühl in der Wirbelsäule wahrgenommen. Diese Erscheinungen treten unabhängig von der Meditationspraxis auf, d.h. auch Personen, die überhaupt nicht meditieren, erleben derartige Phänomene.

Kapitel 7

Der spirituelle Aspekt der Kundalini

1. Die Bedeutung des Meisters

Derjenige, der die Kundalini eines anderen erweckt oder Praktiken vermittelt, die die Erweckung der Kundalini zur Folge haben, übernimmt die volle spirituelle Verantwortung für diesen Menschen. Damit verpflichtet er sich, dessen geistigen Weg ständig zu überwachen und einzugreifen, wenn etwas schief läuft. Dazu gehört beispielsweise, wenn die Kundalini zu stark wird oder deren Auswirkungen zu heftig sind, um vom Schüler verkraftet zu werden. Außerdem lehrt er seinen Schüler, die Kundalini zu aktivieren und für seine spirituelle Entwicklung zu nutzen, wenn die Kundalini-Krisen überwunden sind. Er begleitet ihn so lange, bis dieser Nirvikalpa Samadhi[23] erreicht hat. Eine solche Verpflichtung endet

---

23 Vgl. Abschnitt 6, Samadhi

demnach weder mit dem eigenen physischen Ableben noch mit dem Ableben des Schülers.

Nur ein spiritueller Meister kann alle diese Punkte erfüllen, insbesondere den letzten, da nur ein Meister die Kontinuität des Bewusstseins besitzt. Ein spiritueller Lehrer kann diese Punkte nicht erfüllen. Er vermittelt lediglich spirituelles Wissen und Praktiken, um Menschen auf die Schülerschaft vorzubereiten. Ein spiritueller Lehrer kann gewechselt werden, ein spiritueller Meister nicht. Nach indischer Vorstellung kann man sich einen Lehrer aussuchen, einen Meister jedoch nicht. Der Meister sucht sich seinen Schüler selbst aus.

Die eigentliche Dramatik bei Kundalini-Unfällen besteht darin, dass kein Meister hierfür die Verantwortung übernimmt.

2. Auswirkungen auf die Meditation

Ist die Kundalini erwacht, so verändert sich die Meditation schlagartig, oft sogar in dramatischer Weise. War es vorher erforderlich, abzuschalten, loszulassen und sich auf die Meditation einzustimmen, um dann langsam in einen Zustand tiefer Ruhe zu gleiten, so genügt es jetzt, die Kundalini zu aktivieren und ins oberste Chakra aufsteigen zu lassen. Ist diese dort angekommen, was bei einigermaßen Geübten nur wenige Minuten, bei Fortgeschrittenen sogar nur einige Sekunden dauert, findet man sich augenblicklich in einem Zustand tiefster Meditation wieder. Gelingt es, den Prozess des Aufsteigens über längere Zeit aufrechtzuerhalten, so lässt sich dieser meditative Zustand beliebig lange fortsetzen. Auf diese Weise ist es möglich, spirituelle Erfahrungen quasi per Knopfdruck auszulösen.

Die Erlebnisse während der Meditation sind individuell. Es gibt jedoch einige Erscheinungen, die für die Kundalini typisch sind. Hierzu gehören u.a. das in der Wirbelsäule aufsteigende Strömen und Fließen, die Helligkeit im Kopf, die sich so weit steigern kann, dass man sich in Licht gebadet fühlt, ein Gefühl der Glückseligkeit sowie eine tiefe Stille, die die Meditation fast immer begleitet.

3. Spirituelle Erfahrungen

„Die Empfindung stieg wieder nach oben, wuchs an Intensität, und ich fühlte, wie ich zu schwanken begann. Mit großer Mühe konzentrierte ich mich wieder auf den Lotos[24]. Plötzlich fühlte ich einen Strom flüssigen Lichtes, tosend wie einen Wasserfall, durch meine Wir-

---

24 Meditation auf das siebte Chakra als 1000-blättrigen Lotos.

belsäule in mein Gehirn eindringen. Ganz unvorbereitet auf ein solches Geschehen, war ich völlig überrascht. Ich blieb in derselben Stellung sitzen und richtete meine Gedanken auf den Punkt der Konzentration. Immer strahlender wurde das Leuchten, immer lauter das Tosen. Ich hatte das Gefühl eines Erdbebens, dann spürte ich, wie ich aus meinem Körper schlüpfte, in eine Aura von Licht gehüllt. Es ist unmöglich, dieses Erlebnis genau zu beschreiben. Ich fühlte, wie der Punkt meines Bewusstseins, der ich selber war, immer größer und weiter wurde und von Wellen des Lichtes umgeben war. Immer weiter breitete es sich nach außen hin aus, während der Körper, normalerweise der erste Gegenstand seiner Wahrnehmung, immer mehr in die Entfernung zu rücken schien, bis ich seiner nicht mehr bewusst war. Ich war jetzt reines Bewusstsein, ohne Grenze, ohne Körperlichkeit, ohne irgendeine Empfindung oder ein Gefühl, das von Sinneswahrnehmungen herrührte, in ein Meer von Licht getaucht. Gleichzeitig war ich bewusst und jedes Punktes gegenwärtig, der sich ohne jede Begrenzung oder materielles Hindernis gleichsam in alle Richtungen ausbreitete. Ich war nicht mehr ich selbst, oder genauer: nicht mehr, wie ich mich selber kannte, ein kleiner Punkt der Wahrnehmung, in einen Körper eingeschlossen. Es war vielmehr ein unermesslich großer Bewusstseinskreis vorhanden, in dem der Körper nur einen Punkt bildete, in Licht gebadet und in einem Zustand der Verzückung und Glückseligkeit, der unmöglich zu beschreiben ist."[25]

4. Entwicklung übernatürlicher Fähigkeiten

Durch das Erwachen der Kundalini können sich teilweise spontan übernatürliche Fähigkeiten entwickeln, die in einigen Fällen bereits ansatzweise während der Kundalini-Krisen auftreten. Harish Johari schreibt: „Wenn Kundalini bis ins Sahasrara-Chakra aufgestiegen ist, verschwindet die Illusion des «individuellen Selbst». Der Yogi verwirklicht sich selbst und wird eins mit den kosmischen Prinzipien, die das gesamte Universum seines Körpers regieren. Er erhält alle Siddhis (übernatürlichen Kräfte) ... Er ist ein Siddha, aber er hat das Bedürfnis überwunden, diese Wünsche zu manifestieren."[26] Diese „Siddhis" treten jedoch nur in Einzelfällen auf und lassen sich nicht willentlich hervorrufen.

Hier eine Auflistung der Fähigkeiten, die sich am häufigsten beobachten lassen:

---

25 Nach Gopi Krishna / Carl Friedrich von Weizsäcker, Biologische Basis der Glaubenserfahrung, Weilheim 1973, S.16

26 Harish Johari, Chakras, Körperzentren der Transformation, Basel 1992, S.113

- Untrügliche Intuition, frei von Irrtümern infolge unbewusster Vorstellungen und Wünsche
- Künstlerische und literarische Inspiration zu Werken, zu denen man selbst nicht fähig wäre.[27]
- Fähigkeit, die Aura, geistige Führer und spirituelle Wesen zu sehen.

Spirituelle Fähigkeiten, die sehr selten auftreten:

- Fähigkeit der inneren Wahrnehmung des eigenen Körpers (physische Organe, Chakras, Nadis, Sushumna)
- Fähigkeit, mit geistigen Führern, Meistern und Gottheiten zu kommunizieren.
- Fähigkeit, die Klänge der Chakras zu hören.

5. Die Fähigkeit zu heilen

Eine Fähigkeit, die sich teilweise ebenfalls aus dem Erwachen der Kundalini ergibt, ist die Fähigkeit zu heilen. Die Kundalini verstärkt in diesem Fall eine Anlage, die

---

27 Der Inder Gopi Krishna schrieb auf diese Weise Gedichte in verschiedenen Sprachen, die er nie erlernt hatte.

zuvor schon latent vorhanden sein muss. Ist der Betroffene in der Lage, die bereits erwähnte spezielle „Energie"
zu erzeugen, die grobstofflicher als Prana, aber noch
nicht materiell ist[28], so kann er deren Produktion aus der
Kundalini speisen. Dies eröffnet ihm ganz andere Möglichkeiten, da die Erzeugung dieser „Energie" normalerweise sehr viel Kraft kostet. Üblicherweise ist der Heiler
nach der Behandlung erschöpft und benötigt dringend
eine Ruhepause, um sich zu regenerieren. Dies ist nun
nicht mehr der Fall, da die Kundalini ein schier endloses
Energiereservoir darstellt.

Allerdings gerät er während der Therapie infolge der
aktivierten Kundalini in einen tiefen Meditationszustand,
und zwar umso mehr, je anstrengender die Therapie ist.
Daher braucht er einige Zeit, um aus diesem tranceähn-
lichen Zustand wieder zurückzukehren, da er ansonsten
Schwierigkeiten hat, sich in der Realität zurechtzufinden.
Deshalb wird er sich ebenfalls nach der Behandlung aus-
ruhen.

Das Frappierende an dieser Vorgehensweise ist, dass
der Heiler mit offenen Augen in einen Zustand tiefer Meditation gerät, in dem die Stoffwechselrate tiefer absinkt
als im Tiefschlaf. Dieser setzt schlagartig ein, sobald er
seine Kundalini aktiviert und mit der Behandlung be-

---

28 Vgl. Kapitel 5, Möglichkeiten eines spirituellen Heilers

ginnt. Der Trancezustand klingt hinterher nur langsam aus, und es dauert manchmal bis zu einer Stunde, bis wieder der Normalzustand hergestellt ist.

Ein weiterer Aspekt bei dieser Art von Heilung sind die bereits erwähnten besonderen Fähigkeiten, die die Kundalini vermittelt. Diese kann sich der Heiler zunutze machen, um präzise Diagnosen zu stellen, insbesondere was den feinstofflichen Körper des Patienten betrifft. Je nachdem, wie weit er diese Fähigkeiten entwickelt hat, kann er die Aura, die Chakras, die erwachte Kundalini in der Sushumna des Patienten oder auch dessen innere Organe „sehen", entweder durch die physischen Augen oder als untrügliche innere Bilder. Hierdurch kann er gezielt in diese Systeme eingreifen und dabei die Auswirkungen seiner Therapie direkt kontrollieren.

6. Die Stufen der Entwicklung

a) Kundalini

Die Schöpfung entsteht nach hinduistischer Auffassung aus einem einzigen Laut – OM. Danach manifestiert sie sich stufenweise. Auf der feinsten relativen Ebene entsteht

ein göttliches Bewusstsein, das sich selber bewusst wird
– ICH BIN. Dieses göttliche Bewusstsein – in Indien Sa-
dashiva genannt – erschafft aus sich heraus drei Manife-
stationen, die die Schöpfung hervorbringen, erhalten und
am Schluss wieder auflösen: Brahma, Vishnu und Shiva.
Während Brahma, der „Schöpfer", nach Erschaffung des
Universums in Untätigkeit versinkt, ist Vishnu, der „Erhalter", permanent aktiv, um die Schöpfung in Gang zu
halten und alle Lebewesen mit dem zu versorgen, was
sie benötigen, um in der materiellen Welt zu leben. Shiva, der „Zerstörer", steht dagegen für Auflösung, sowohl
am Ende aller Zeiten als auch in jedem Augenblick der
Schöpfung. Er ist es derjenige, der uns wieder zurück
zu unserem göttlichen Ursprung bringt, indem er uns
hilft, uns aus den Verstrickungen der materiellen Welt zu
befreien, was Auflösung und schlussendlich Zerstörung
der Illusion der materiellen Wirklichkeit bedeutet, die in
Wahrheit keine ist. Nur Gott ist wirklich.

Nach hinduistischer Vorstellung liegt über der Wirklichkeit der Schleier der Illusion, Maya genannt, um
uns vorzugaukeln, die Welt sei real. Nur so können wir
uns mit unserem physischen Körper identifizieren und
in der materiellen Welt agieren. Hielten wir die materielle Schöpfung für ein göttliches Schauspiel, was sie in
Wirklichkeit ist, fehlte uns jeglicher Antrieb, um hier
zu wirken. Aus dieser Illusion und dem Verlangen, die

stoffliche Welt zu erleben und sich an deren Genüssen zu erfreuen, erwächst eine *Anhaftung*[29] an diese Welt. Diese erschafft aus unserem wahren Selbst (Purusha) ein falsches Ich (Ahamkara) genannt.

Kundalini ist eine Kraft, die von Shiva ausgeht und der *Anhaftung* entgegensetzt ist. Während *Anhaftung* auf Konzentration der Aufmerksamkeit auf ein Objekt beruht und dem Prinzip der Anziehung entspricht, verkörpert die Kundalini das Prinzip der Auflösung. Wird sie aktiv, löst sich die Verstrickung an die materielle Welt, und in einem sehr fortgeschrittenen Stadium stufenweise auch Ahamkara, das falsche Ich, auf. Dies ist ein destruktiver Prozess, der äußerst schmerzhaft verlaufen kann, nicht nur in psychischer Hinsicht, sondern auch in physischer. Die gesamte Physiologie des Körpers verändert sich. Es fließt ein unglaublicher Energiestrom durch die Nervenbahnen des Körpers, der durch Veränderung des elektrischen Potenzials sogar physikalisch messbar ist.[30] Gleichzeitig

---

29 Ursprünglich bedeutete *Ahamkara* „Anhaftung". Später wurde dieser Begriff für das durch Anhaftung entstandene Schatten-Ich verwendet. Für Anhaftung gibt es keinen derartigen Begriff mehr, daher schreibe ich es stets kursiv.

30 Wissenschaftliche Studien dieser Art wurden von Dr. Lee Sanella und Itzak Bentov in der Kundalini-Klinik in San Francisco durchgeführt, wo Patienten mit Kundalini-Krisen medizinisch und psychologisch betreut werden.

kommt es zu einer vermehrten Endorphinausschüttung[31] und der Produktion von bislang unbekannten Hormonen, die vorwiegend in der Epiphyse gebildet werden.

Eines davon ist das mythologische „Soma", das von Ethnologen fälschlicherweise als eine – bisher unbekannte – pflanzliche Droge angesehen wird, da dessen Herstellung im Rig-Veda symbolisch als das Auspressen eines „Trunkes, der die Götter erfreut", beschrieben wird. Soma ist auf der stofflichen Ebene für die intensiven Glücksgefühle verantwortlich, die in tiefen Meditationen und besonders als Folge einer erwachten Kundalini erlebt werden. Auch wenn diese Substanzen Glücksgefühle erzeugen, bedeuten die stofflichen Veränderungen, die im Körper stattfinden müssen, um diese erzeugen zu können, schmerzhafte Prozesse, die von äußerst unangenehmen Gefühlswallungen, völlig deplatzierten Lustempfindungen, plötzlichen grundlosen Euphorie- und Rauschzuständen bis hin zu massiven körperlichen Schmerzen reichen können.

Gleichzeitig kann es zu den bereits beschriebenen Kundalini-Krisen kommen, wenn Körper und Geist noch nicht auf das Erwachen dieser letztendlich destruktiven Energie vorbereitet sind, deren Ziel es ist, unsere Ver-

---

31 Endorphine sind körpereigene Substanzen, die Empfindungen wie Schmerz und Hunger regeln und uns in bestimmten Situationen euphorisch werden lassen. Sie werden daher auch „Glückshormone" genannt.

strickung in die materielle Welt aufzulösen und uns zurück ins Licht zu bringen. Kundalini ist eine reine Energie, sie besitzt selbst kein Bewusstsein und keine Intelligenz. Daher kann sie auch Schaden am Körper anrichten oder diesen sogar zerstören, wie die geschilderten Todesfälle bezeugen.

b) Shakti

Hinter allen Erscheinungen verbirgt sich eine weitere, im Hinduismus personifizierte göttliche Kraft, genannt Shakti. Sie ist das Tor zur himmlischen Welt, da sie den Ankommenden sanft über alle Hindernisse hinweg führt und bis zu seinem finalen Ziel, dem göttlichen Urgrund, begleitet. Sie ist die weibliche Entsprechung von Trimurti, der Dreiheit von Brahma, Vishnu und Shiva.

Jede der drei Gottheiten besitzt einen weiblichen Gegenpart. Brahma, als Schöpfer, hat Sarasvati, die Musik und Kunst inspiriert und somit neue Schöpfungen ermöglicht, Vishnu, als Erhalter, Lakshmi, die Wohlstand und Schönheit fördert und auf diese Weise das materielle Leben bereichert, und Shiva, als Zerstörer, Parvati, die als Kali und Durga in das Weltgeschehen eingreifen, indem sie dunkle Kräfte und alles, was die Schöpfung in Gefahr bringt, zerstören.

Zugleich existieren Brahma, Vishnu und Shiva als Dreigestalt (Sanskrit: Trimurti), dargestellt durch die drei Götter nebeneinander, als eine einzige Figur mit drei Köpfen oder auch als dreigesichtige Figur mit sechs Armen. Ihr weiblicher Gegenpart ist Shakti. Sie kann als personifizierte göttliche Kraft auf die Kundalini aufsetzen, wenn diese eine gewisse Stärke erreicht hat.

Shakti segnet den Eingeweihten, indem sie ihn vor den Auswirkungen der Kundalini schützt und sein Nervensystem an die unbändige Kraft der Kundalini anpasst. Nun zeigt diese keine unangenehmen Nebenerscheinungen mehr, der Weg verläuft sehr viel sanfter und unter göttlicher Führung.

Shakti wird manifestiert durch spirituelle Übungen, Gebete und das Rezitieren von speziellen Mantras. Im Gegensatz zu Kundalini ist sie ausschließlich im Hinduismus bekannt, wo sie als Gottheit verehrt wird. Angehörigen anderer Religionen steht sie nicht zur Verfügung, da ihre Anbetung im Widerspruch zu ihrem Glauben stünde. Im Christentum und Judentum gilt das erste Gebot: „Ich bin der Herr, dein Gott, du sollst keine anderen Götter neben mir haben!" Im Islam gilt: „Es gibt keinen Gott außer Allah!" Der Buddhismus kennt keine Götter.

Dementsprechend würde jemand aus einer dieser Religionsgruppen gegen seine Religion verstoßen, wenn er Shakti anbeten würde. Seine Rückbindung an seinen Glauben ginge dabei unweigerlich verloren. Das Wort Religion stammt aus dem Lateinischen „Religio" und bedeutet Rückbindung an Gott. Es ist nicht möglich, zu Gott zurück zu finden, wenn man bewusst gegen dessen Gebote verstößt.

c) Kundalini-Shakti

Erlaubt der Meditierende das weitere Ansteigen der Kundalini-Intensität, indem er bewusst auf alle Übungen und Rituale verzichtet, die diese begrenzen, so tritt die Kundalini ab einer gewissen Stärke unmittelbar aus der Sushumna aus und durchflutet den Körper direkt, unter Umgehung der Nadis, die jetzt überflüssig werden. Im weiteren Verlauf kommt es stufenweise zu Verschmelzungsprozessen, an deren Ende die Vereinigung von Shakti und Kundalini steht – es bildet sich Kundalini-Shakti. Jetzt kontrolliert Shakti die Kundalini, die zu einer bewussten göttlichen Kraft mit einem eigenständigen Bewusstsein wird, die den Eingeweihten ans Licht geleitet und alle Hindernisse auf diesem Weg beseitigt. Allerdings besitzt die Kundalini in diesem Stadium eine

Intensität, wie sie von keinem normalen Nervensystem verkraftet werden kann. Daher erreicht nur ein Meister diese Stufe.

7. Samadhi

Wir kennen normalerweise nur drei sich verändernde Bewusstseinszustände: Wachen, Schlafen und Träumen. Es gibt aber noch einen vierten, unveränderlichen Bewusstseinszustand, der nur in tiefer Meditation erlebt und in Indien als Samadhi bezeichnet wird. Der Meditierende ruht im Selbst. Dies bedeutet unendliche Glückseligkeit. Es existiert kein Raum, keine Zeit, nur ewiges Jetzt. Es ist kein Zustand der erlebt wird – der Meditierende IST DAS.

Aus diesem Grund lässt sich auch nicht beschreiben, was im Samadhi erlebt wird. Um etwas zu beschreiben, müssen wir es erkennen, und um etwas zu erkennen, ist eine Trennung zwischen Subjekt und Objekt erforderlich. Im Samadhi ist dies nicht mehr der Fall. Der Erkennende, das Objekt der Erkenntnis und der Vorgang des Erkennens sind eins. Der Meditierende ist eins mit seinem Selbst – er ist das SELBST. Tat tvam asi – DU BIST DAS.

Samadhi tritt als vierter Bewusstseinszustand, getrennt von den anderen drei Zuständen (Wachen, Schlafen, Träumen) auf. Irgendwann löst sich diese Trennung auf, und Samadhi bleibt bestehen, während man wach ist, schläft oder träumt. Dieser Zustand wird als Nirvikalpa Samadhi bezeichnet, was im Westen mit Erleuchtung gleichgesetzt wird. Der Yogi ist für immer verankert im Selbst. Er ist eins mit Brahman, dem göttlichen Urgrund.

Kapitel 8

Neueste Erkenntnisse

1. Diffuse und konzentrierte Kundalini

Das Erwachen der Kundalini wird in der indischen Lehre als Vereinigung der kalten Energie der Ida-Nadi mit der heißen Energie der Pingala-Nadi in der Sushumna definiert. Danach sterben Ida und Pingala, die beiden Kanäle links und rechts der Wirbelsäule, ab, da sie funktionslos geworden sind. Jetzt steigt nur noch die vereinigte Energie im mittleren Kanal, der Sushumna, auf. Diese Betrachtungsweise beschreibt zwar die in der Meditation wahrnehmbaren Phänomene, nicht aber deren Ursache. In Wirklichkeit „entsteht" die Kundalini nicht erst bei der Vereinigung der Energien von Ida und Pingala, und sie ruht auch nicht schlafend als eingerollte Schlange an der Basis der Wirbelsäule. Die Kundalini ist immer vorhanden, allerdings in einem anderen „Aggregatzustand".

In ihrer diffusen Form bildet sie das, was wir in vorangegangenen Kapiteln als „spirituelles Prana" bezeichnet haben. Diese diffuse Kundalini durchdringt auf einer sehr feinen spirituellen Ebene das gesamte Universum und tritt durch das erste Chakra, auch Wurzel-Chakra genannt, in unseren Körper ein. Dort findet durch Ahamkara[32], unser falsches Ich, eine Umwandlung statt, indem die von außen aufgenommene diffuse Kundalini zwei unterschiedliche Aggregatzustände annimmt. Gesteuert wird dieser Vorgang von den Sektoren 7 – 12 des siebten Chakras[33]. Der Anteil, der stark an *Anhaftung* gebunden ist, steigt als kalte Energie in der Ida-Nadi auf der linken Seite der Wirbelsäule auf, der andere Anteil, der relativ frei von Anhaftung ist, als heiße Energie in der Pingala-Nadi auf der rechten Seite. Je nachdem welcher Anteil überwiegt, schreiten wir auf unserem spirituellen Weg voran oder stehen still.

Die Frage, die sich hier stellt, lautet: „Was trennt die diffuse Kundalini in heiß und kalt, in einen Anteil, der unseren spirituellen Antrieb fördert und einen, der ihn hemmt?" Die Antwort ist sehr einfach: Ausschließlich

---

32 Vgl. Kapitel 7, Die Stufen der Entwicklung

33 Vgl. Hagen Heimann & Dietmar Krämer, Chakras und Charakter – Die spirituelle Entwicklung des Menschen, Aquamarin Verlag, Grafing 2009

unsere Vorstellung von Gott. Ahamkara, unser falsches Ich, gaukelt uns eine falsche Identität vor.

Im Westen herrscht eine Trennung von Gott und der Welt vor. Dadurch sehen wir Gott als etwas von uns Fernes. Die Trennung von Gottesnähe und Gottesferne erzeugt ein polares Kräftepaar, das uns einerseits zu Gott hin und anderseits von ihm wegführt.

In Indien wird Gott nicht als fern angesehen. Gott ist im Menschen, aber der Mensch ist nicht in Gott. Da wir selbst von Gott weg sind, müssen wir uns durch die Disziplin des Yoga wieder zu Gott hinbegeben.

Eine der beiden Vorstellungen herrscht in jeder Kultur vor – entweder ist Gott unerreichbar für uns oder wir haben uns von Gott, der in unserem Innersten wohnt, unerreichbar weit entfernt. Die Vorstellung der Trennung von unserem Bewusstsein und dem göttlichen Bewusstsein erzeugt eine Spaltung der diffusen Kundalini in zwei Aspekte – einen, der uns zu Gott bringt, und einen, der uns hemmt, zu Gott zu gehen. In dem Moment, in dem wir diese Vorstellung überwinden, heben wir die Trennung der diffusen Kundalini in heiß und kalt auf. In einigen wenigen Fällen erwacht jetzt schon die Kundalini, ansonsten erst dann, wenn die *Anhaftung* vollständig zurückgedrängt ist. Die *Anhaftung* hält die Kundalini im diffusen Zustand. Verschwindet die *Anhaftung*, geht die Kundalini in ihre konzentrierte Form über, sie „erwacht".

Wie bereits im letzten Kapitel beschrieben, erhalten wir die Kundalini von Gott (in der indischen Betrachtungsweise in seiner Gestalt als Shiva), um uns aus den Fesseln der materiellen Welt zu befreien und wieder zurück zu unserem göttlichen Ursprung zu finden. Dies gelingt uns, indem wir die Kundalini konzentrieren, so dass sie in der Sushumna aufsteigt und uns zum Licht trägt. Der Weg hierzu ist jede Art spiritueller Praxis, mit deren Hilfe die *Anhaftung* zurückgedrängt wird, bis sie schließlich verschwindet. – Dann erwacht die Kundalini.

Daraus folgt jedoch, dass die Kundalini auch in Fällen erwachen kann, in denen sie nicht durch spezielle Praktiken forciert wird, wie beispielsweise in Indien. Das ist der Grund, warum die Kundalini in den meisten Kulturen in irgendeiner Form bekannt ist und Kundalini-Fälle überall auf der Welt auftreten, unabhängig von deren Kenntnis und unabhängig von speziellen Praktiken zu deren Erweckung.

2. Anomalien beim Erwachen der Kundalini

Wie wir gesehen haben, spielt das Zurückdrängen der *Anhaftung* beim Erwachen der Kundalini eine große Rolle. Störungen in diesem Ablauf führen zu Anomalien beim Vorgang des Erwachens.

Wird der kalte Anteil an diffuser Kundalini, der noch stark an *Anhaftung* gebunden ist, durch einseitige spirituelle Übungen gewaltsam zurückgedrängt, so nimmt der heiße Anteil derart zu, dass es mit der Zeit zu einem Überdruck im Wurzel-Chakra kommt. Irgendwann führt dies zu einer explosiven Entladung über die Pingala-Nadi auf der rechten Seite der Wirbelsäule. Als Folge zeigen sich die bereits beschriebenen Symptome beim Erwachen der Kundalini in der Pingala.[34] Jedoch ist die Kundalini nicht wirklich erwacht, wie es den Anschein hat. Es ist der heiße Anteil an diffuser Kundalini, der gewaltsam die Pingali-Nadi aufsteigt, nicht die konzentrierte Kundalini.

In dem beschriebenen Fallbeispiel meditierte der Betroffene siebzehn Jahre lang auf das siebte Chakra, das für die Vereinigung des menschlichen Bewusstseins mit

---

34 Vgl. Kapitel 2 Das Aufsteigen der Kundalini – Kundalini steigt in Pingala auf

dem Göttlichen steht. Da in dem von diesem Chakra verkörperten Zustand *Anhaftung* keine Rolle mehr spielt,
ist es möglich, dass durch diese Art der Meditation die
Kundalini erwacht. Dies geschieht insbesondere dann,
wenn das Chakra in seinem Idealzustand als strahlender tausendblättriger Lotos visualisiert wird. Allerdings
spielt hierbei auch unsere Motivation eine große Rolle.

In unserem Fall hatte der Betroffene die Meditation
nicht aus spirituellen Gründen begonnen, sondern um
sein Leben in den Griff zu bekommen. Hierfür legte
er sich unangenehme und harte Übungen auf, um seine
Selbstbeherrschung zu schulen. Er selbst bezeichnete sich
zu dieser Zeit als Atheist, was im völligen Widerspruch
zur Praxis seiner Meditation steht – der Vereinigung des
menschlichen Bewusstseins mit dem Göttlichen.

Mit der Zeit änderte sich jedoch seine Einstellung, und
es reifte in ihm der Wunsch, wie sein Vater der Welt zu
entsagen. Aus Rücksicht auf seine Familie, die er finanziell unterstützen sollte, war dies jedoch nicht möglich.
Seit sich sein Vater aus spirituellen Gründen völlig vom
Leben zurückgezogen hatte und seinen Verpflichtungen
als Ehemann und Vater nicht mehr nachkam, musste seine Mutter für die Familie allein aufkommen. So wurde
die Meditation für ihn ein Ersatz für ein Leben in Ent-
sagung, und der innere Druck, in den Stunden der Meditation dasselbe zu erreichen, wirkte sich in der Art aus,

wie er seine Konzentration in der Meditation forcierte. Durch die Form seiner Meditation auf das siebte Chakra, bei der es in seiner Visualisation nur reines Licht gab und damit nichts, was den spirituellen Antrieb bremste oder gar kontrollierte, brachte er die kalte Energie zum Verschwinden. Dies führte zu dem geschilderten Desaster.

Als er endlich erkannte, was geschehen war, versuchte er Ida, den Mondnerv, zu wecken, indem er in seiner Meditation kalte Energie visualisierte. Hierdurch ergänzte er den fehlenden Aspekt und hob die Spaltung auf – die Kundalini „erwachte" in der Sushumna.

Es gibt eine zweite Möglichkeit einer Anomalie, bei der der heiße Anteil an diffuser Kundalini derart zurückgedrängt wird, dass sich der Überdruck des kalten Anteils im Wurzel-Chakra über die Ida-Nadi explosionsartig entlädt. Dabei entsteht der Eindruck, dass die Kundalini in Ida erwacht. Auch hier ist es nicht die konzentrierte Kundalini, sondern der kalte Anteil an diffuser Kundalini.

In dem geschilderten Fallbeispiel[35] erlebte der Betroffene von Kindheit an derart viele Hindernisse auf seinem Lebensweg, dass in ihm die Idee keimte, für seinen spirituellen Weg kämpfen zu müssen. Meditation

---

35   Vgl. Kapitel 2, Das Aufsteigen der Kundalini – Kundalini steigt in Ida auf

war für ihn der Pfad, die Erleuchtung zu erobern. Aus diesem Grund überwog die kalte Form der Kundalini, was zum Aufsteigen in Ida und den beschriebenen Symptomen führte. Durch Intensivierung der heißen Form in Pingala-Nadi stellte er die Balance wieder her, und die Symptome bildeten sich zurück. Die Spaltung der diffusen Kundalini wurde dabei jedoch nicht aufgehoben, wie im ersten Fallbeispiel. Seine Kundalini erwachte in ihrer konzentrierten Form erst zehn Jahre später.

3. Folgen nicht zurückgedrängter Anhaftung

Erwacht die Kundalini vorzeitig, ohne dass die *Anhaftung* vollständig zurückgedrängt ist, kommt es ebenfalls zu Störungen. Dies kann passieren, wenn die *Anhaftung* durch irgendwelche äußere Einflüsse kurzfristig außer Kraft gesetzt wird. So ist z.B. bei heftigen körperlichen und seelischen Erschütterungen, wenn das Bewusstsein infolge des Schocks für kurze Zeit wie gelähmt ist, was in sehr seltenen Einzelfällen die Anhaftung blockieren kann. In diesen Fällen erwacht die Kundalini[36] unabhängig davon, ob der Betroffene einen spirituellen Weg geht oder nicht.

---

36 Vgl. Kapitel 4, Vorzeitiges Erwachen der Kundalini

Riskante Energieübungen führen zu einer Überhitzung im Dammbereich, was zu einer Verschmelzung von diffuser kalter und heißer Kundalini führen kann. Der Effekt ist derselbe – die diffuse Kundalini konzentriert sich und steigt die Sushumna aufwärts.

Bei übertriebener Meditation ist der Vorgang des Erwachens jedoch ein anderer. Hier tritt genau der Effekt ein, der im letzten Kapitel anhand des ersten Fallbeispiels beschrieben wurde. Der kalte Anteil an diffuser Kundalini, der noch stark an *Anhaftung* gebunden ist, wird infolge der exzessiven Übungen gewaltsam zurückgedrängt, und der heiße Anteil nimmt stetig zu. Gleichzeitig kommt es durch das stundenlange Meditieren zu einem Realitätsverlust, in Einzelfällen sogar zu Sinnestäuschungen. Die Betroffenen tun sich sehr schwer, den Alltag zu bewältigen und ihren beruflichen und familiären Pflichten nachzukommen. Hierdurch entsteht die Illusion, die reale Welt sei dem spirituellen Weg hinderlich, und sie müssten dafür kämpfen. Der Effekt ist derselbe wie im zweiten Fallbeispiel im vorigen Kapitel – der heiße Anteil an diffuser Kundalini wird zurückgedrängt, der kalte Anteil nimmt stetig zu. Beide Prozesse sind absolut gegensätzlich und führen zu einem extremen Druck, unter dem irgendwann beide Anteile gewaltsam verschmelzen. Jetzt steigt die konzentrierte Kundalini in der Sushumna derart explosionsartig auf, dass sie so gut wie immer irreparable Schäden am feinstofflichen System verursacht. In nicht seltenen Fällen kommt es dabei auch zu körperlichen Schäden.

Wird von einem Meister die Kundalini erweckt, bevor die *Anhaftung* zurückgedrängt ist, treten ebenfalls Störungen auf, die sich in gleicher Weise auswirken wie in den oben genannten Fällen.

Die Folgen der vorzeitigen Erweckung sind – bezogen auf die *Anhaftung* – stets dieselben. Sie steigt unter dem Druck der Kundalini fast bis ins Unermessliche, was zu einer unglaublichen Verstärkung von Emotionen führt, die direkt mit Anhaftung zu tun haben: Selbstsucht, Gier, Habsucht, Stolz, Triebhaftigkeit und sämtliche Arten von Begierden.

Diese Auswirkungen werden oft den Chakras zugesprochen, da vielfach die Ansicht herrscht, die Kundalini fließe durch sie hindurch, und je nachdem, in welchem der Chakras sie stecken bleibe, verstärkten sich die durch dieses Chakra verkörperten Emotionen. So wird beispielsweise behauptet, dass die gelegentlich auftretende maßlose Steigerung des Sexualtriebs auf einem Austoben der Kundalini im zweiten Chakra beruhe. Extremfälle, wie der einer Betroffenen aus meinem Bekanntenkreis, die sechs Wochen ausschließlich im Bett verbrachte und ununterbrochen masturbierte, legen diesen Schluss nahe.

Kundalini staut sich bei einem vorzeitigen Erwachen jedoch nicht in irgendeinem Chakra. Sie durchschlägt sämtliche Granthis (Knoten, die ein Hindernis für die Kundalini darstellen) und ergießt sich – oft explosionsartig – ins oberste Chakra, wo sie teilweise aus dem Körper austritt.

Die Kundalini tritt zwar in ihrer diffusen Form durch das Wurzel-Chakra in den Körper ein. Von dort strömt sie jedoch in den Dammbereich, in dem die Aufspaltung in heiße und kalte (diffuse) Kundalini stattfindet.[37] Der kalte Anteil sammelt sich auf linken Seite und fließt in die Ida-Nadi, die eineinhalb Finger breit seitlich der Mittellinie und ein Fingerbreit unterhalb des Steißbeins beginnt. Der heiße Anteil sammelt sich auf der rechten Seite und fließt in die Pingala-Nadi, die in gleicher Höhe im selben Abstand zur Mittellinie entspringt. „Erwacht" die Kundalini, indem sie – ebenfalls im Dammbereich – in ihre konzentrierte Form übergeht, ergießt sie sich in die Sushumna, die in der Mittellinie in derselben Höhe wie Ida und Pingala beginnt. Die Sushumna verläuft, wie bereits beschrieben, exakt im Rückenmark, durchdringt jedoch an dessen Ende das Gehirn und endet im Stiel des Kronen-Chakras. Da sich die Chakras außerhalb des

---

37 Dieser spezielle Bereich wird in der indischen Literatur als „Kanda" (Sanskrit: Knolle) bezeichnet. Er hat die Form eines Vogeleis und ist vier Finger hoch und drei Finger breit. Aus ihm entspringen Ida, Pingala und Sushumna.

Körpers befinden, kann die Kundalini, anatomisch gesehen, nicht durch die Chakras fließen, mit Ausnahme des untersten und obersten.

Die bereits erwähnten Granthis, die ein Hindernis für den Fluss der Kundalini durch die Sushumna darstellen sollen, können dementsprechend auch nicht in den Chakras liegen, wie vielfach behauptet wird. Der erste Granthi befindet sich innerhalb der Sushumna exakt in Höhe des Steißbeins, der zweite in Höhe des Herz-Chakras und der dritte in Höhe des Stirn-Chakras. Sie bedeuten für die bewusste Erweckung der Kundalini mittels Yoga-Techniken ein Hindernis, wobei der erste (Brahma Granthi) für materielle Anhaftung steht, der zweite (Vishnu Granthi) für emotionale Anhaftung und der dritte (Rudra Granthi) für Anhaftung an Visionen und übersinnliche Fähigkeiten. Erwacht die Kundalini vorzeitig, durchschlägt sie, wie bereits erwähnt, sämtliche Granthis.

Kapitel 9

Konsequenzen

1. Vorbereitende Maßnahmen

Wie wir gesehen haben, beruht das „Erwachen" der Kundalini auf einem Überwinden von Ahamkara und *Anhaftung*, wodurch sie in den konzentrierten Zustand übergeht und in der Sushumna aufsteigt. Daraus folgt, dass jede Art von spiritueller Praxis, die Ahamkara überwindet und die *Anhaftung* beseitigt, früher oder später die Kundalini erweckt, unabhängig davon, ob der Betroffene körperlich, emotional oder spirituell darauf vorbereitet ist. Ist er es nicht, kommt es zu den beschriebenen Kundalini-Krisen. Aufgrund dessen ist es ratsam, auf die Aspekte der Entwicklung besonderes Augenmerk zu richten, die bei einem eventuellen Erwachen der Kundalini von großer Bedeutung sind. Selbstverständlich ist es sinnvoll, sich zu bemühen, stets in seiner eigenen Mitte zu ruhen und negative Gefühle wie Neid, Eifersucht oder Bitterkeit aus seinem Herzen zu verbannen, da uns dies daran hindert, mit uns selbst und mit anderen glücklich zu sein. Beim Erwachen der Kundalini bereiten diese Emotionen jedoch keine größeren Schwierigkeiten, im Gegensatz zur Angst, die sich in diesem Moment absolut fatal auswirken kann. Aus diesem Grund ergibt sich eine Wertigkeit, die sich aus den Symptomen, die Betroffene während ihrer Kundalini-Krisen erleiden, ableiten lässt.

a) Körperlicher Aspekt

Körperlich gibt es drei Aspekte, denen eine besondere Beachtung zu schenken ist:
- Körperlich gute Verfassung
- Stabiles Nervensystem
- Ausgeglichene Lebensführung

Eine gute körperliche Verfassung ist allgemein wichtig, um Extremsituationen aller Art gewachsen zu sein. Voraussetzung hierzu ist ausreichende Bewegung und genügend Schlaf, da sich der Körper sonst verkrampft, was in Kundalini-Krisen zu erheblichen Schmerzen im muskulären Bereich führen kann.

Ebenso wichtig ist ein stabiles Nervensystem, da die enorme Energie, die infolge der Kundalini unseren Körper durchströmt, die Nervenbahnen überlasten kann, was zu Spasmen und zu Lähmungserscheinungen führt. Eine ausreichende Versorgung des Körpers mit B-Vitaminen sollte daher unbedingt gewährleistet sein, am besten in Form von Vollkornprodukten.

Ein weiterer Faktor, der von besonderer Bedeutung ist, ist eine ausgeglichene Lebensführung, insbesondere im Hinblick auf den Ausgleich von Anspannung und Entspannung. Hierbei genügt es nicht, nach getaner Arbeit Ruhepausen einzulegen. Acht Stunden Arbeit – vielfach kommen noch ein bis zwei Stunden Anfahrt dazu – stellen ohne jede Zwischenpause vielfach eine Belastung für den Körper dar. Kurzfristige Phasen von Müdigkeit, Schwäche, Arbeitsunlust oder gar schlechter Laune sind ein Hinweis darauf, dass wir genau in diesem Moment eine Pause benötigen. Leider übergehen viele diesen „toten Punkt" oder sind in ihrer körperlichen Wahrnehmung bereits so abgestumpft, dass sie diesen gar nicht erst bemerken. Dies führt langfristig zu massiven muskulären Verkrampfungen, selbst dann, wenn der Betroffene für genügend Schlaf und Bewegung sorgt.

b) Emotionaler Aspekt

Seelisch sind es fünf Aspekte, die im Falle von Kundalini-Krisen eine Rolle spielen:

- Ausgeglichene Verfassung ohne allzu große Höhen und Tiefen
- Beseitigung von Angst
- Beseitigung von Zorn
- Beendigung jeglichen Streits mit anderen
- Fähigkeit, sich selbst und anderen zu verzeihen

Eine ausgeglichene Verfassung, ohne allzu große Höhen und Tiefen, ist wichtig, da sonst die seelische Ausnahmesituation, wie sie bei Kundalini-Krisen so gut wie immer der Fall ist, zu einer extremen Übersteigerung negativer Gefühle führen kann.

Die Beseitigung jeglicher Angst ist ein weiterer wichtiger Punkt, da der Prozess, dem der Betroffene durch die Kundalini hilflos ausgeliefert ist, meist als bedrohlich empfunden wird. Besteht vorher bereits Angst, dann steigert sich diese jetzt ins Uferlose.

Dasselbe gilt für Zorn, da die körperlichen und seelischen Symptome, die mit den Kundalini-Krisen einhergehen und in keiner Weise kontrolliert werden können, als etwas empfunden werden, das einem angetan wird. Bei einer Person, die bereits vorher zu Zorn neigt, kann sich die Wut über das unfreiwillig Durchgemachte ins Grenzenlose steigern.

Die Beendigung jeglichen Streits mit anderen ist außerdem ratsam, da jede ernsthafte Auseinandersetzung das Gefühl von Sicherheit und Geborgenheit zerstört. Genau dieses ist aber wichtig, um die Kundalini-Krisen durchzustehen, ansonsten entsteht das Gefühl, ins Bodenlose zu fallen. Abgesehen davon ist der Betroffene in dieser Situation vielfach auf die Hilfe anderer angewiesen.

Die Fähigkeit zu verzeihen ist die Basis dafür, um in diesem Moment den Seelenfrieden zu bewahren und nicht sich selbst oder anderen die Schuld für den verhängisvollen Vorgang, der im eigenen Inneren abläuft, zuzuweisen.

c) Spiritueller Aspekt

Spirituell gibt es zwei Aspekte, die von Bedeutung sind:
- Überwindung der Vorstellung, von Gott getrennt zu sein
- Überwindung der *Anhaftung*

Wie wir bereits gesehen haben[38], ist es allein unsere Vorstellung von Gott, welche die diffuse Kundalini un-

---

38 Vgl. Kapitel 8, Diffuse und konzentrierte Kundalini

ter dem Einfluss von Ahamkara, unserem falschen Ich, in einen heißen und einen kalten Anteil trennt. Je nach Religion und Kultur, in der wir aufgewachsen sind, wähnen wir uns von Gott in der einen oder anderen Weise getrennt. So ist entweder Gott für uns unerreichbar weit entfernt oder wir haben uns selbst von Gott, der in unserem Innersten wohnt, unerreichbar weit entfernt. Überwinden wir diese Vorstellung, so heben wir die Trennung der diffusen Kundalini in heiß und kalt auf. Dies ist die eigentliche Voraussetzung dafür, dass die Kundalini „erwacht", unabhängig von gezielten spirituellen Übungen, welche die Erweckung der Kundalini zum Ziel haben und diese vielfach in gefährlicher Weise forcieren.

Diesen Weg zu gehen, erfordert die Führung durch einen spirituellen Meister, der die Verantwortung dafür übernimmt und seinen Schüler begleitet, bis dieser sein Ziel, die Vereinigung mit dem göttlichen Urgrund, erreicht hat. Er allein entscheidet, ob der Schüler für diesen Schritt bereit ist, denn die hierfür überlieferten Yoga-Techniken funktionieren unabhängig davon. Sie einzusetzen, bevor der Schüler körperlich, seelisch und spirituell dafür vorbereitet ist, ist verantwortungslos und gefährlich. Die Folgen kennen wir aus den tragischen Fällen, in denen die Kundalini vorzeitig erwacht ist.

Die Überwindung der Vorstellung, von Gott getrennt zu sein, ist äußerst schwierig, müssen wir doch alles Überlieferte, alles, was uns in unserer Kindheit und Jugend von unseren Eltern, Lehrern und Geistlichen zu diesem Thema beigebracht wurde, hinter uns lassen. Dennoch ist dies möglich, ohne in einen unüberbrückbaren Widerspruch mit unserer eigenen Religion zu gelangen. Der sicherste Weg hierzu ist, in unseren heiligen Schriften nach Hinweisen dafür zu suchen und diese zu verinnerlichen. Diese existieren in allen Religionen, und spätestens beim Studium der Mystiker wird jeder fündig. Texte anderer Religionen sind allenfalls als Inspiration, als Hinweis, was wir in unserer eigenen Religion finden sollten, hilfreich. Letztendlich müssen wir die Antwort in der uns gewohnten Terminologie finden, sonst gelingt es uns nicht, sie zu verinnerlichen.

Angst, dass uns dies so gut gelingen könnte, dass die Kundalini allein schon dadurch erwacht, müssen wir nicht haben. Zum einen wird uns dies aus eigener Kraft nicht vollständig möglich sein, zumindest nicht so weit, dass dadurch Gefahr für uns entstehen könnte, und zum anderen erwacht die Kundalini erst dann, wenn die *Anhaftung* vollkommen zurückgedrängt ist. Auch letzteres schaffen wir nicht ohne spirituelle Schulung. Aber wir können uns jetzt schon auf den Weg dorthin begeben, so dass wir bereit sind, wenn wir irgendwann unserem Meister begegnen werden, wer auch immer dies sein wird. In Indien heißt es, der Meister suche sich seinen Schüler aus, nicht umgekehrt. Voraussetzung dafür ist, dass dieser bereit ist. Dafür können wir jedoch selbst einiges beitragen.

Anhaftung ist nicht nur das Element, das die Kundalini in ihrem diffusen Zustand hält und sie daran hindert, in ihre konzentrierte Form überzugehen und zu „erwachen", sondern auch der Hauptgrund für das Leid, das bei vorzeitigem Erwachen entsteht. Besteht sie danach noch weiter, verstärkt sie nicht nur unter dem Ansturm der Kundalini sämtliche Begierden, sondern bewirkt auch eine stärkere Identifikation mit dem Körper, der durch das Toben der Kundalini in der Sushumna leidet. Da der Fokus der Aufmerksamkeit nicht mehr auf die Außenwelt gerichtet ist, sondern auf den eigenen Körper, steigt der Leidensdruck ins Unermessliche.

Gleichzeitig sinkt die Schmerzschwelle. Aber nicht nur Schmerzen werden intensiver empfunden, sondern auch alle körperlichen Empfindungen, einschließlich akustischer und optischer Halluzinationen. Eine meiner Kundalini-Patientinnen reagierte beispielsweise auf ihre Lichtvisionen mit blankem Entsetzen. Auf meinen Rat hin, diese einfach zu genießen, verschob sich der Fokus ihrer Aufmerksamkeit, und sie hatte augenblicklich keine Probleme mehr damit.

Das oben Gesagte zeigt, wie verheerend sich die *Anhaftung* bei einer erwachten Kundalini auswirken kann. Deshalb ist es wichtig, sie bereits vor deren Erweckung so weit wie möglich zu überwinden. Vollständig gelingt uns diese Zurückdrängung ohne Hilfe eines Meisters ohnehin nicht. Daher begeben wir uns auch nicht in Gefahr, wenn wir bereits selbst Schritte in die Richtung unternehmen, in die wir letztlich ohnehin gehen.

Anhaftung ist der Hauptgrund, warum wir in unserem Leben leiden. Durch den Einfluss von Ahamkara identifizieren wir uns mit unserem Körper und seinen Bedürfnissen. Aus dem Versuch, diese zu befriedigen, erwachsen materielle Wünsche, deren Erfüllung für uns Sinn und Zweck unseres Daseins zu sein scheint. Auf diese Weise definieren wir uns durch das, was wir besitzen, und nicht durch das, was wir in Wirklichkeit sind – wir identifizieren uns mit Ahamkara und nicht mit Purusha.[39] Dies zieht uns immer mehr in die Verstrickung mit der Materie. Aus einem „Haben wollen" erwächst Leidenschaft und Gier. Erhalten wir das Gewünschte nicht, entsteht Zorn, der letztendlich in Machtstreben gipfelt, um sich die Objekte seiner Begierde gewaltsam anzueignen. Auf diese Weise entsteht eine Leidensspira-

---

39   Unser wahres Selbst. Vgl. Kapitel 7, Die Stufen der Entwicklung

le, die wir nur selbst stoppen können, indem wir uns von der Verhaftung mit unseren Wünschen und Begierden befreien.

Der einfachste Weg dazu ist, sich in allem, was wir tun, bewusst zu machen, dass wir nicht der Handelnde sind, sondern das Göttliche in uns. Alles, was wir tun, tun wir für Gott, nicht für uns. Auf diese Weise bewahren wir uns nicht nur davor, uns weiter in die Materie zu verstricken, sondern verlieren jegliche *Anhaftung* an sie. Diesen Weg lehrt die indische Bhagavad Gita. Sie empfiehlt, zu handeln ohne nach den Früchten des Handelns zu trachten, indem wir die Früchte des Handelns Gott überlassen.

ANHANG

Bibliographie

Dietmar Krämer, Neue Therapien mit Bach-Blüten 1
– Beziehungen der Blüten zueinander,
Ansata Verlag, München
Dietmar Krämer / Helmut Wild, Neue Therapien mit
Bach-Blüten 2 – Diagnose und Behandlung über die
Bach-Blüten Hautzonen, Ansata Verlag, München
Dietmar Krämer, Neue Therapien mit Bach-Blüten 3
– Akupunkturmeridiane und Bach-Blüten, Ansata
Verlag, München
Dietmar Krämer, Neue Therapien mit ätherischen Ölen
und Edelsteinen, Isotrop-Verlag, Bad Camberg
Dietmar Krämer, Neue Therapien mit Farben, Klängen
und Metallen, Ansata Verlag, München
Dietmar Krämer / Anne Simons, Neue Therapien
mit Bach-Blüten – Das Praxisbuch, Ansata Verlag,
München
Dietmar Krämer & Hagen Heimann, Bach-Blütentypen,
Books on Demand GmbH, Norderstedt

Dietmar Krämer & Hagen Heimann, Neue Therapien
mit Bach-Blüten, ätherischen Ölen, Edelsteinen,
Farben, Klängen, Metallen, G. Reichel Verlag,
Weilersbach

Hagen Heimann & Dietmar Krämer, Aura und
Bach-Blüten – Das Handbuch der Aura-Deutung,
Aquamarin Verlag, Grafing

Hagen Heimann & Dietmar Krämer, Chakras und
Charakter – Die spirituelle Entwicklung des
Menschen, Aquamarin Verlag, Grafing

Software

Dietmar Krämer, Neue Therapien mit Bach-Blüten,
ätherischen Ölen und Edelsteinen,
CD-ROM für Mac und PC, Isotrop-Versand,
Bad Camberg

Kontaktadresse

Dietmar Krämer

Heilpraktiker

Römerstr.9

D-63450 Hanau

E-Mail: info@kundalini-ratgeber.de

Internet: www.kundalini-ratgeber.de

Hagen Heimann & Dietmar Krämer

CHAKRAS UND CHARAKTER
Die spirituelle Entwicklung des Menschen

In diesem Buch erläutern die beiden aura-sichtigen Heilpraktiker Hagen Heimann und Dietmar Krämer die Zusammenhänge zwischen den Chakras und der spirituellen Entwicklung des Menschen. Durch ihre eigene Forschung gelang es ihnen, die Bedeutung der einzelnen Chakra-Sektoren zu entschlüsseln, welche für genau definierte Lebensbereiche stehen. Daraus ergab sich eine völlig neue Sichtweise der Chakras. So äußern sich Charakterschwächen als Störungen in den Sektoren, die für Aura-Sichtige als farbige Strukturen zu sehen sind. Anhand der eindrucksvollen Beschreibungen dieser Chakra-Störungen und deren Auswirkungen kann der Leser selbst erkennen, welcher Sektor betroffen ist.

Ferner gelang es den beiden Autoren, den Eigenklang jedes einzelnen Sektors zu ermitteln. Diese Klänge sind Mantras, die es im Zusammenhang mit einer speziellen Meditationstechnik ermöglichen, sich selbst von seinen eigenen Charakterschwächen zu befreien. Sie fördern nicht nur die spirituelle Entwicklung, sondern führen auch zu einem harmonischen Leben.

Dem Buch liegt eine CD mit den Klängen der Mantras als Vorlage zur Meditation bei.

ISBN 978-3-89427-453-5
(Der Titel erscheint im Frühjahr 2009 im Aquamarin Verlag)

Hagen Heimann und **Dietmar Krämer**, Autoren mehrerer Bücher zum Thema Bach-Blütentherapie, arbeiten zusammen als Heilpraktiker in ihrer Praxisgemeinschaft in Hanau. Sie leiten gemeinsam das Internationale Zentrum für Neue Therapien und halten Seminare und Vorträge im In- und Ausland.

Hagen Heimann & Dietmar Krämer

AURA UND BACH-BLÜTEN
Das HAndbuch der Aura-Deutung

Mit diesem Werk eröffnen die beiden aurasichtigen Heilpraktiker Hagen Heimann und Dietmar Krämer dem Leser eine völlig neue Sichtweise der Aura. In eindrucksvoller Weise verbinden sie altes esoterisches Wissen über die feinstofflichen Körper des Menschen mit ihren neuen Erkenntnissen aus der täglichen Praxis der *Neuen Therapien mit Bach-Blüten.*

So entstand ein Buch mit 40 eindrucksvollen Aura-Portraits. Diese zeigen nicht nur das Zusammenspiel von Emotionen und Aura-Farben, sondern auch bestimmte farbige Strukturen, an denen die akuten negativen Gemütszustände, die durch die Bach-Blüten verkörpert werden, zu erkennen sind.

Die Autoren entdeckten in jahrelanger Forschung, wie sich das „Akute Typenmittel" der Bach-Blütentherapie als sichtbare Struktur in der astralen Aura des Menschen zeigt. Außerdem gelang es ihnen, alle 83 möglichen Aura-Farben zu klassifizieren und die dahinter stehenden Emotionen detailliert zu beschreiben. Ausführlich erklären sie auch die Arkafäden und deren Entstehung, Funktion und Auswirkung auf das Gefühlsleben des Menschen.

Gebunden, 160 Seiten, durchgehend vierfarbig,
ISBN 978-3-89427-389-7